Roland Jung aus Möhnesee hat in aller Welt für zahlreiche Zeitschriftenreportagen fotografiert. Rügen und Usedom kennt er seit Jahren von vielen Fotoreisen.

Oliver Gerhard lebt als Journalist in Berlin. Usedom, die „Badewanne" der Hauptstädter, ist ihm durch viele Aufenthalte vertraut, ebenso Hiddensee und Rügen.

Liebe Leserinnen, liebe Leser!

Caspar David Friedrich malte die Kreidefelsen auf Rügen, Gerhard Hauptmann und Joachim Ringelnatz zog es nach Hiddensee, die Kaiser reisten vorzugsweise nach Usedom. Und auch Effi Briest kam, wie so viele, aus Berlin in die Rügener Sommerfrische – und schwärmte: das sei ja Capri! Wer nach Rügen, Usedom oder Hiddensee fährt, begibt sich auf prominente Spuren. Und in sonnige Gefilde. Denn Capri ist zwar weit weg, der Vergleich aber naheliegend. 1800 Sonnenstunden mit steigender Tendenz und laue Sommerabende lassen den Traum vom Süden im Norden wahr werden.

Verwunschene Alleen und alte Urwälder
Ungewöhnlich schöne Landschaften und Natur sucht und findet man auf diesen Ostseeinseln zu jeder Jahreszeit: wilde Steilküsten, weite Buchenwälder, seichte, schilfgesäumte Bodden, Kreidefelsen, Kiefern am Strand, gelben Raps und roten Mohn, im Winter Schneefelder und Eisschollen. Und Rügens alte Alleen sind geradezu berühmt. Auf der Insel Vilm, zu DDR-Zeiten abgeschottetes Ferienparadies für die Politprominenz, wuchert ein 400 Jahre alter Urwald, über 500 Pflanzenarten zählt man hier – Genaueres zu diesem einst geheimnisumwitterten Eiland lesen Sie auf S. 32/33.

Wohnen in einer schwimmenden Nixe
Die Inselwelt hat noch mehr absonderliche Geschichte zu bieten: Prora, der Urlauberbettenkoloss aus der Nazizeit, erwacht zu neuem Leben: Neben einem bunten Mix aus überwuchertem Beton, Graffiti, Jugendkultur, Ateliers und Museen entstehen in den Ruinen heute neue Hotelzimmer und Apartments. Nur wenige Kilometer weiter eröffnete 2013 ein neues Naturerbe-Zentrum mit einem spektakulären Baumwipfelpfad. Von einem 40 Meter hohen hölzernen Aussichtsturm genießt man nicht nur einen weiten Blick über den Norden Rügens, sondern kann mit etwas Glück den Seeadlern bei der Jagd zusehen.
Herzlich Ihre

Birgit Borowski
Programmleiterin DuMont Bildatlas

38–55
SÜCHTIG

Hiddensee macht süchtig, heißt es. Wer einmal den Sonnenuntergang vom Leuchtturm aus erlebt hat, ist für andere Reiseziele verloren.

56–73
ZÜCHTIG

In der Frühzeit des Badewesens stand Stil höher im Kurs als Freizügigkeit. An Rügens Ostküste von Sassnitz bis Sellin erstrahlt stilvolle alte Bäderarchitektur in neuem Glanz.

DuMont Aktiv

DuMont Thema

84–87
FLÜCHTIG

Die Kreidefelsen sind das Wahrzeichen Rügens, allerdings keines, das auf Dauer gleich bleibt. Immer wieder brechen Teile des Steilufers ab und stürzen in die Ostsee.

DuMont Thema

104–107
TÜCHTIG

Mitten in der Nacht aufstehen, sieben Tage die Woche auf See – ein Leben als Fischer ist kein Honigschlecken. Thomas Koldevitz liebt seinen Beruf trotzdem.

Maßstab 1:650.000
0
10km
Hiddensee & Nordrügen 38–55
Ostrügen 56–73
Stralsund & Westrügen 20–37
Westusedom 74–91
Ostusedom 92–111
O S T S E E
Rügen
Nationalpark Jasmund
Kap Arkona
Putgarten
Vitt
Altenkirchen
Dranske
Wiek
Tromper Wiek
Kloster
Insel Hiddensee
Vitte
Hiddensee
Neuendorf
Schaprode
Nationalpark Vorpommersche Boddenlandschaft
Ummanz
Zingst
Pramort
Lohme
Königsstuhl
Stubbenkammer
Glowe
Neuenkirchen
Trent
Gr. Jasmunder Bodden
Rappin
Sagard
Sassnitz
Lietzow
Kluis
Neu Mukran
Prorer Wiek
Prora
Binz
Gingst
Bergen auf Rügen
Spergeb.
Jagdschloss Granitz
Sellin
Baabe
Klausdorf
Groß Moordorf
Kubitzer Bodden
Samtens
Putbus
Lauterbach
Lancken-Granitz
Göhren
Gager
Mönchgut
Biosphärenreservat Südost-Rügen
Thiessow
Prohn
Rambin
Altefähr
Groß Kordshagen
Altenpleen
Niepars
Martensdorf
Schloss-park
Vilm
Deutsche Alleenstraße
Garz/Rügen
Gustow
Poseritz
Stralsund
Brandshagen
Zudar
Jakobsdorf
Steinhagen
Zarrendorf
Stahlbrode
Reinberg
Greifswalder Bodden
Greifswalder Oie
Ruden
Richtenberg
Franzburg
Elmenhorst
Zisterzienser-kloster
Wittenhagen
Papenhagen
Pommersche Bucht
Zatoka Pomorska
Peenemünde
Karlshagen
St. Marien
Bartmannshagen
Grimmen
Greifswald
Eldena
Lubmin
Wusterhusen
Zinnowitz
Gremersdorf
Windisch Baggendorf
Rakow
Dersekow
Griebenow
Kemnitz
Hanshagen
Katzow
Wolgast
Zempin
Koserow
Usedom
Gramme
Glewitz
Görmin
Hohendorf
Lütow
Wehrland
Naturpark Usedom
Bansin
Heringsdorf
Świnoujście (Swinemünde)
Wolin
Międzywodzie
Dziwnów
Kamień Pomorski
Nehringen
Nossendorf
Loitz
Züssow
Karlsburg
Zemitz
Warthe
Ahlbeck
Międzyzdroje
Kołczewo
Gützkow
Jarmen
Schmatzin
Lassan
Mellenthin
Dargun
Demmin
Tutow
Lüssow
Murchin
Usedom
Dargen
Wolin
Recław
Woliński Park Narodowy
Peene
Ziethen
Anklam
O.-Lilienthal-Gedenkstätte
Anklamer Torturm
Verchen
Utzedel
Liepen
Beggerow
Pelsin
Stettiner Haff
Zalew Szczeciński
Borrentin
Kummerower See
Kummerow
Breest
Spantekow
Leopoldshagen
Ueckermünde
Altwarp
Nowe Warpno
Przybiernów
Lindenberg
Gültz
Burow
Sarnow
Mönkebude
Czarnocin
Ivenack
Tützpatz
Tausendjähr. Eiche
Reuterstadt Stavenhagen
Jürgenstorf
Altentreptow
Löwitz
Am Stettiner Haff
Ueckermünder Heide
Eggesin
Ahlbeck
Stepnica
POLSKA
Zieleńczyn
Babigosz
Wolde
Wildberg
Rosenow
Brunn
Neddemin
Friedland
Galenbecker See
Ferdinandshof
Torgelow
Spergebiet
Hintersee
Trzebież
Roztoka Odrzańska
Dobieszczyn
Ostpeene
Möllin
Neubrandenburg
Sadelkow
Rothemühl
Jatznick
Glashütte
Modrzewie
Święta
Varchentin
Weitin
Schönbeck
Viereck
Ina
Brama Wolińsk
Groß Plasten
Wulkenzin
Blumenhagen
Pasewalk
Zerrenthin
Tanowo
Police
Möllenhagen
Tollensesee
Burg Stargard
Alt Käbelich
Helpter Berge
Strasburg (Uckermark)
Boock
Dobra
Lubczyna
Jez. Dąbie
Penzlin
Ankershagen
Groß Nemerow
Plath
Woldegk
Löcknitz
Lubieszyn
Mierzyn
SZCZECIN
Czarna Łąka
Hohenzieritz
Mühlenmuseum
Werbelow
Kratzeburg
Blumenholz
Blankensee
Bredenfelde
Naturpark Feldberger Seen
Jagow
Brüssow
Bobolin
Müritz-Nationalpark
Neustrelitz
Möllenbeck
Fürstenwerder
Göritz
Carmzow
Przecław
Kijewo
Userin
Carpin
Krackow
Kołbaskowo
Roggentin
Feldberg
Schönermark
Prenzlau
Schmölln
Storkow
Rosow
Binowo
Stare Czarnowo
Fürstensee
Gollmitz
Penkun
Wokuhl
Woblitzsee
Unteruckersee
Damme
Tantow
Żelisławiec
Wesenberg
Beenz
Boitzenburg
Uckermark
Kreuz Uckermark
Gryfino
Gardno
Bedgoszcz
Parsów

Topziele

Erlebnisse, die Sie auf keinen Fall versäumen sollten, und die bedeutendsten Sehenswürdigkeiten haben wir hier für Sie zusammengestellt. Auf den Infoseiten sind die Highlights als ▶TOPZIEL gekennzeichnet.

KULTUR

1 *Stralsunds Backsteinkirchen*
Die Silhouette Stralsunds wird von den Burgen des Glaubens dominiert.
Seite 35

2 *„Circus" in Putbus*
Die klassizistische Architektur der kleinen einstigen Residenz erstrahlt in leuchtendem Weiß.
Seite 36

3 *Bäderarchitektur in Binz*
Nach der Wende wurden die Villen mit ihren Türmchen und Erkern stilgerecht restauriert.
Seite 72

4 *Gedenkatelier*
Ein skurriles Wohnhaus und ein verwunschener Malgarten bilden bei Koserow den Rahmen für die Werke von Otto Niemeyer-Holstein.
Seite 90

5 *Heringsdorfer Bäderarchitektur*
Hier ging nicht nur der Kaiser ein und aus, sondern auch mancher Künstler oder Literat: Die Villen Oechsler, Staudt und Oppenheim gelten als Schmuckstücke der Bäderarchitektur.
Seite 109

6 *Ahlbecker Seebrücke*
Seit ihrer Erbauung 1898 hat sie allen Stürmen widerstanden und gilt als Wahrzeichen der Insel Usedom.
Seite 110

NATUR

7 *Vorpommersche Boddenlandschaft*
Vom Darß über Hiddensee bis nach Rügen erstreckt sich ein einzigartiges Landschaftsschutzgebiet.
Seite 53

8 *Nationalpark Jasmund*
Die Kreidefelsen rund um den Königsstuhl gelten als Wahrzeichen Rügens. Deutschlands kleinster Nationalpark hat aber noch mehr zu bieten.
Seite 71

ERLEBEN

9 *Ozeaneum Stralsund*
Taschenkrebse und Riesenkrabben in beeindruckender Architektur: Das Stralsunder Ozeaneum gehört zu den schönsten Museen Europas.
Seite 35

10 *Historische Technik*
Die ausgedehnte Denkmallandschaft rund um das Historisch-Technische Informationszentrum in Peenemünde kann man mit dem Fahrrad entdecken.
Seite 89

UNTERWEGS IM GRÜNEN TUNNEL

Prachtvolle Alleen sind ein Markenzeichen Rügens, viele Orte der Insel werden durch die grünen Tunnel verbunden. Nicht umsonst beginnt die Deutsche Alleenstraße im Ostseebad Sellin. Fast alle Alleebäume Rügens wurden im 19. Jahrhundert gepflanzt – durch die extrem gewachsene Verkehrsdichte ist ihr Bestand heute mehr und mehr gefährdet.

SEICHTER STRAND UND MÄCHTIG WIND

Surfern und Kitesurfern hat Rügen einiges zu bieten. Durch die vorgelagerte Insel Hiddensee und die Halbinsel Bug sind die Boddengewässer der Westküste ideal für Anfänger und Fortgeschrittene. Die Ostküste weist jede Menge Wavespots auf, die bei Starkwind selbst Cracks herausfordern.

PLATZ EINS DER ANSICHTSKARTEN-HITPARADE

Faszinierende Kreideformationen prägen das Landschaftsbild der Stubnitz auf der Halbinsel Jasmund im Nordosten Rügens. Mehrere Hunderttausend Besucher pro Jahr kommen in den Nationalpark, um einen Blick auf die leuchtend weiße Steilküste zu werfen. Der 118 Meter hohe Königsstuhl, auf dem schon vor über 300 Jahren eine Aussichtsplattform angelegt wurde, ist das meistfotografierte Motiv auf Rügen.

JUWEL DER NORDDEUTSCHEN BACKSTEINGOTIK

Die glanzvolle Vergangenheit der ehemaligen Hansestadt Stralsund lässt sich heute noch an ihrem historischen Stadtbild ablesen. Ein einzigartiges Ensemble mittlelalterlicher Gebäude, allen voran das Rathaus mit seiner prächtigen Schaufassade, macht Stralsund zu einem der eindrucksvollsten Reiseziele an der deutschen Ostseeküste.

KULTUR AUS TRADITION

Unter Fürst Wilhelm Malte zu Putbus galt Rügens „Weiße Stadt" als kulturelles Zentrum der Insel. Jeden Sommer strömten die Gäste in sein 1820 eröffnetes Residenztheater. Die Putbus-Festspiele knüpfen an diese Tradition an. Dazu kommen auf den Inseln viele andere kulturelle Höhepunkte – von Ausstellungen über Konzerte bis hin zu Modeschauen.

DER TRAUM VOM SÜDEN

In puncto Sonnenstunden stellt Rügen regelmäßig neue deutsche Rekorde auf. Schon Fontanes berühmte Ehebrecherin Effi Briest fühlte sich an Capri und Sorrent erinnert. An lauen Sommerabenden kann auch der heutige Rügenurlauber, wie hier in der Villa Nause in Sassnitz, leicht den Eindruck gewinnen, im „falschen Film“ zu sein.

Über den Strelasund

Während der Blütezeit der Hanse entstand Stralsunds prächtige Backsteinarchitektur. Dazwischen setzt das Ozeaneum mit seinen Aquarien ein städtebauliches Ausrufezeichen. Rügen ist über seine neue Brücke nur noch einen Katzensprung von Stralsund entfernt. Unter dem Dach jahrhundertealter Alleen ist man in die Inselhauptstadt Bergen oder nach Putbus unterwegs. Fürst Wilhelm Malte I. schuf dort ein beeindruckendes Ensemble klassizistischer Prägung.

Spektakulärer Bau: Stralsunds Ozeaneum, neues Wahrzeichen der alten Hansestadt am Strelasund

Die ausschließlich dem Kraftfahrzeugverkehr dienende Rügenbrücke hat sich schnell zu einem Wahrzeichen der Insel entwickelt.

Die Marienkirche dominiert Stralsunds berühmte Silhouette. Architektonischer Kontrapunkt im Vordergrund: das moderne Ensemble des Ozeaneums

Hinter dem Hafen ragt die Nikolaikirche auf, einst Gotteshaus der Schiffer und Fischer.

Silbrig schimmernd zieht ein Heringsschwarm durchs dunkle Wasser, Tausende glitzernde Leiber in synchroner Bewegung. Plötzlich geht ein Ruck durch den Schwarm. Wie auf Kommando ändern die Fische abrupt die Richtung, durch einen Schatten erschreckt. Neugierige Zuschauer beobachten das Phänomen durch eine große Glasscheibe: Ein Schwarmfischbecken mit einem Fassungsvermögen von zweieinhalb Millionen Litern gehört zu den Attraktionen des modernsten Wahrzeichens der Hansestadt Stralsund: des Ozeaneums, der spektakulären Erweiterung des Deutschen Meeresmuseums. Mit ihm gelang den Architekten ein großer Wurf: Vier unterschiedlich geformte Baukörper bilden gemeinsam ein „offenes Haus, das ähnlich wie von Wasser umspülte Steine im Meer von allen Seiten von Menschen und Licht durchströmt werden kann". Zwei historische Speicher wurden in das Ensemble einbezogen, das einen interessanten architektonischen Kontrast zur Stralsunder Altstadt darstellt – ohne dass ein Bruch entstanden wäre. Beim Rundgang lassen nicht nur Fischschwärme staunen, sondern auch eine der derzeit größten Ausstellungen zur Unterwasserwelt der Nord- und Ostsee. Ein Gezeitenbecken mit Ebbe und Flut im Zehn-Minuten-Takt gehört dazu, ein Tunnelaquarium mit Heilbutt, Taschenkrebsen und Riesenkrabben, eine Pinguinanlage auf dem Dach und eine Sammlung von Walnachbildungen in Originalgröße, darunter ein 26 Meter langer Blauwal – die Inszenierung ist unterlegt mit den Aufnahmen von Walgesängen. Doch das Ozeaneum arbeitet auch mit echten Walen: Seit einigen Jahren untersucht das Deutsche Meeresmuseum mit Hilfe von Unterwasser-Mikrofonen das Vorkommen der Schweinswale in der Ostsee. Während man früher vor allem auf Beobachtungen von Schiffern angewiesen war, liefern die Aufzeichnungen der ausgestoßenen Klicklaute der Wale neue Erkenntnisse. So weiß man heute, dass die Tiere jedes Jahr auf Wanderschaft gehen, vermutlich im Gefolge der Heringsschwärme. Fans der Meeressäuger können bei der Forschung und beim Tierschutz helfen, indem sie ihre Schweinswal-Sichtungen melden – ganz zeitgemäß im Internet oder auch per Smartphone.

WELTERBE STRALSUND

Der Hauptsitz des Meeresmuseums befindet sich mitten in Stralsunds Altstadt, im historischen Katharinenkloster, einem Backsteinbau. Rot, rot, rot: Die Backsteingotik prägt den ersten Eindruck jedes Stadtbesuchers. Schon von Weitem fallen die trutzigen Türme der drei Kirchen ins Auge, dann die stolz in den Himmel ragenden Giebel der Kauf-

Das gotische Rathaus ist ein Spiegel der Stralsunder Blütezeit. Der gewaltige Getreidespeicher auf der Hafeninsel wird heute gastronomisch genutzt. Den Alten Markt ziert die Backsteinfassade des Wulflamhauses mit prächtigem Pfeilergiebel (im Uhrzeigersinn von oben links).

mannshäuser. Stralsund, einst als „Perle der Hanse“ bezeichnet, gilt als Paradebeispiel einer wohlhabenden Metropole aus der Blütezeit des mächtigen Städtebunds. Den gesamten Ostseeraum belieferte die Stadt als Handelsmacht, von Dänemark über Norwegen und England bis nach Russland. Den Stadtbränden des 13. Jahrhunderts ist es geschuldet, dass die Stralsunder getreu dem lübischen Baurecht Backsteinhäuser errichteten, wo vorher Holz- und Fachwerkbauten standen.

Scharenweise flohen die Bewohner damals aus der Innenstadt.

Das gebrannte Baumaterial erstrahlt heute in Nuancen von dunklem Orange bis zu mattem Braun. Das war nicht immer so. Lange nach der Wende berichteten Reisende noch von Verfall und Tristesse. Was die Bomben des Zweiten Weltkriegs nicht vermocht hatten, wäre in der DDR beinahe Wirklichkeit geworden: die Zerstörung eines nahezu intakten mittelalterlichen Ensembles. Auch die DDR-Regierung hatte die Bedeutung der Architektur erkannt, es mangelte jedoch an Mitteln zur Sanierung. „Ich kann mich gut an die polnischen Restaurateure erinnern, die bei uns arbeiteten“, erzählt eine Stadtführerin. „Aber das war nur ein Tropfen auf den heißen Stein.“ Scharenweise flohen die Bewohner damals aus der Innenstadt, tauschten ihre maroden, zugigen Altbauwohnungen ohne Bad oder Toilette gegen moderne Plattenbauapartments ein. Die Sanierung kam erst Mitte der 1990er-Jahre richtig in Schwung – und wurde durch die Ernennung der Altstadt zum Welterbe 2002 zusätzlich angespornt.

Heute findet in Stralsund jeder einen Winkel nach seinem Geschmack, ob man die reichen Patrizierhäuser mag – wie das Wulflamhaus mit seinem typischen Hausbaum –, mittelalterliche Fachwerkbauten wie im Hof des Johannisklosters

Blickfang des Deutschen Meeresmuseums: Skelett eines 1825 vor Rügen gestrandeten Finnwals

Ernst-Barlach-Plastik im einstigen Kirchenschiff der Stralsunder Johannisklosterkirche

Der Kreuzgang des 1254 gegründeten Johannisklosters ist heute eine Bildergalerie.

Heute findet in Stralsund jeder einen Winkel nach seinem Geschmack.

oder die architektonischen Kontraste am Alten Markt, wo Backstein, Barock und Platte nebeneinander stehen.

STRELASUND-BRÜCKEN

Die Backsteingotik findet auf Rügen ihre Fortsetzung, wenn auch nicht ganz so mächtig. Zuvor gilt es jedoch, über den Strelasund zu gelangen, ein je nach Epoche mehr oder weniger mühsames Unterfangen. Wann die erste Fährverbindung ins Leben gerufen wurde, ist nicht bekannt. In einer Urkunde von 1240 ist jedoch ein Ort „bei der ollen Fähre" verbrieft. Elizabeth von Arnim beschrieb Anfang des 20. Jahrhunderts, wie sie samt Kutsche und Pferden auf einem schwankenden Boot übergesetzt wurde – ein aufregendes Erlebnis. Was für einen Fortschritt stellte da der Bau des Rügendamms dar! Die Presse bejubelte die Klappbrücke zwischen Stralsund und der Insel Dänholm bei ihrer Fertigstellung 1936 als technische Meisterleistung. Nach der deutsch-deutschen Wiedervereinigung entwickelte sich das Meisterwerk schnell zu einem Nadelöhr: Die Öffnungen für den Schiffsverkehr führten in der Feriensaison zu kilometerlangen Staus – die Strapazen des ausgehenden 20. Jahrhunderts.

2007 wurde die neue Rügenbrücke eröffnet. Die Architekten hatten vor der Aufgabe gestanden, ein Bauwerk zu entwerfen, das die Silhouette Stralsunds nicht stört. Eine Herausforderung, überragt die 600 Meter lange Schrägseilbrücke den höchsten Kirchturm doch um zwanzig Meter. Die Planer setzten auf schlanke Pfeiler, einen dezent blauen Anstrich und harfenartige Seilabspannungen, die den 128 Meter hohen Turm im Lot halten. Planung und Bau liefen nicht ohne Kontroversen ab. Die Rügenbrücke sei „unverzichtbar für die wirtschaftliche Entwicklung der Region", argumentierte die Tourismuszentrale Stralsund. Umweltschützer dagegen befürchteten eine starke Zunahme des Verkehrs und die Zerstörung wertvoller Landschaften auf Rügen – und verzögerten den Baubeginn durch mehrere Klagen. Die Planer wollen den Verkehr in Zukunft über eine neue Bundesstraße stau- und ampelfrei bis nach Bergen lenken. „Und verschieben den Stau damit lediglich ins Innere der Insel", kontern die Umweltschützer. In einem sind sich Befürworter und Gegner des Konzepts allerdings einig: Die Staus müssen weg.

IN GRÜNEN KATHEDRALEN

Wer Rügens Hinterland erleben möchte, weicht ohnehin lieber auf wenig befahrene Nebenrouten aus, wo er auf Relikte historischen Straßenbaus stößt: Pflaster, über das einst Kutschen rumpelten, verwitterte Plattenwege aus Zeiten, in denen Trabis und Wartburgs den Verkehr bestimmten, und schattige Alleen, die

Backstein auch auf Rügen: Die Marienkirche in der Inselhauptstadt Bergen wurde 1180 errichtet.

Die reizvolle Uferlinie des Jasmunder Boddens zeichnet sich durch ihre Formenvielfalt aus.

Abendstimmung über dem Großen Jasmunder Bodden – bei Tag ein attraktives Segelrevier

wie grüne Kathedralen wirken. Nicht umsonst beginnt hier die Deutsche Alleenstraße, die durch zehn Bundesländer bis an den Bodensee führt. Rund 300 Kilometer kann man auf Rügen unter Dächern aus Linden, Buchen, Eichen, Platanen, Kastanien und Pappeln zurücklegen. Die ältesten der grünen Tunnel wurden schon vor rund 160 Jahren angelegt. Prachtexemplare wie die Rotbuchenallee von Karow nach Lubkow oder die Kastanienallee von Lancken-Granitz zum Jagdschloss ziehen heute viele Naturfreunde und Fotografen an. Einige Alleen stellte man bereits im Jahr 1937 unter Naturschutz, weitere folgten kurz vor der Wende. Heute ist ihre Bedeutung sogar in Mecklenburg-Vorpommerns Landesverfassung festgeschrieben. Doch auch die verbriefte Schutzwürdigkeit verhindert nicht, dass immer wieder einzelne Bäume oder sogar ganze Abschnitte bei Straßenbaumaßnahmen verloren gehen. Im Zweifel hat der Verkehrsfluss Vorrang.

DIE WEISSE STADT PUTBUS

Auch Fürst Wilhelm Malte I. zu Putbus muss ein Anhänger der Alleen gewesen sein, führen doch einige besonders beeindruckende in seine Residenzstadt. 1808 begann der Fürst mit dem Umbau der kleinen Gemeinde zu einer der letzten klassizistisch angelegten Städte Europas. In vier Jahrzehnten entstanden ein weitläufiger Marktplatz und ein prunkvolles Theater, eine Orangerie und ein Ensemble aus zwei- und dreistöckigen Palais rund um das Rondell des „Circus“. Gleichzeitig legte der Fürst mit dem Bau der ersten Badeanstalten im benachbarten Lauterbach den Grundstein des Bäderwesens auf Rügen. Der Hochadel logierte samt mitgebrachtem Gesinde in den vornehmen Gästehäusern der Stadt und kutschierte zum Baden an die Küste. „Weiße Stadt“ wurde Putbus damals genannt, ein Titel, den es sich in den letzten Jahren durch den Einsatz von viel Farbe und Kapital erst neu verdienen musste.

Special GEGEN FEUDALISMUS UND FREMDHERRSCHAFT

Ernst Moritz Arndt: Dichter, Patriot und Politiker

Nur wenige deutsche Dichter sind ähnlich umstritten wie Ernst Moritz Arndt, der den einen als Wegbereiter demokratischer Strukturen, den anderen dagegen als Antisemit und Rassist gilt.

„O Land der dunklen Haine, o Glanz der blauen See, o Eiland, das ich meine, wie tut's nach Dir mir weh!“ Diese von Arndt verfasste Ode gilt seiner Heimat Rügen. Der berühmte Sohn der Insel, der 1769 in Groß Schoritz bei Garz geboren wurde, machte sich nicht nur als Dichter und Schriftsteller einen Namen, sondern auch als Patriot und Politiker. Unermüdlich ging er in seinen Schriften gegen die französische Fremdherrschaft an – und lernte im Exil das Heimweh nach Rügen kennen.

Bekannt war er auch für seinen Kampf gegen die Leibeigenschaft.

Geburtshaus des Dichters

Selbst Sohn eines ehemaligen Leibeigenen, verdammte er die Ausbeutung des Bauernstandes durch den Adel. Der vermehrte sein Land damals durch das „Bauernlegen“: Die Abgaben wurden so lange erhöht, bis der Bauer sein Land zum Rittergut „dazulegen“ musste. Mit seinem Werk „Versuch einer Geschichte der Leibeigenschaft in Pommern und Rügen“ erntete Arndt 1803 Schmähungen als „Leuteverderber und Bauernaufhetzer“, doch der König von Schweden hob drei Jahre später die Leibeigenschaft in Schwedisch Pommern auf.

Verschiedene politische Lager vereinnahmten Arndts Namen später für ihre Ideen – von den Nationalsozialisten, die sich auf seinen Patriotismus und seine antisemitischen Schriften beriefen, bis hin zur DDR, die in ihm vor allem den Kämpfer gegen feudale Strukturen sah. Arndt starb 1860 in Bonn, als Universitätsrektor, fern der Heimat, der er bis zum Schluss verbunden blieb.

Ernst-Moritz-Arndt-Turm auf dem Rugard

Beschaulich: Hinter dem mächtigen Säulenportikus lädt das Theater Putbus zum Kulturgenuss ein. Manche Allee auf Rügen ist noch gepflastert. Im Putbuser Schlosspark mit seinem Schwanenteich …

… steht auch die Schlosskirche, die bei den Putbus-Festspielen wieder zum ursprünglichen Kultursalon wird.

Aus der Luft gut zu erkennen: der „Circus“, das zentrale Rondell

Erhalten blieb der Park mit seinen wertvollen Beständen an jahrhundertealten Bäumen.

Auch dem zweiten Beinamen „Rosenstadt“ wird Putbus wieder gerecht. Vor vielen Häusern setzen Rosenstöcke Farbtupfer, ganz so, wie der Fürst es einst per Erlass gefordert hatte.

Jedes Frühjahr liegt der Geruch frischen Bärlauchs über der Stadt, und ein weiß blühender Teppich zieht sich durch den Schlosspark. „Die Kräuter müssen einst aus dem Küchengarten des Fürsten entkommen sein“, vermutet Hans-Joachim Meinke, der den Park zu DDR-Zeiten verwaltete. Der betagte Putbuser kann sich noch erinnern, wie er als Kind staunend vor dem prächtigen Putbuser Schloss stand. Bis heute blickt er mit Groll auf das Drama zurück, das hier nach dem Zweiten Weltkrieg seinen Lauf nahm: Russische Soldaten holten die Kunstschätze aus dem Gebäude, Plünderer den beweglichen Rest. Schließlich fiel der Beschluss, das Schloss abzureißen, 1964 wurden die letzten Teile gesprengt. Erhalten blieb allerdings der Park mit seinen wertvollen Beständen an jahrhundertealten Bäumen. „Manche der exotischen Arten waren so empfindlich, dass sie sich zunächst einige Jahre in der Orangerie akklimatisieren mussten“, erzählt Meinke. Linden, Rotbuchen, Ginkgos und Mammutbäume säumen die Spazierwege. Knorrige Eichen mit mehreren Metern Umfang laden zum Verweilen ein. Sie sind fast noch beeindruckender als die „grünen Kathedralen“.

VILM

Insel für Auserwählte

Ein 400 Jahre alter Urwald bedeckt die kleine Insel Vilm südlich von Rügen. Zu DDR-Zeiten machte hier das Politbüro Urlaub und regte mit seiner Abschottung die Fantasie der Bürger an. Heute lässt sich die geschützte Insel im Rahmen einer geführten Exkursion erleben.

Rund drei Kilometer vor Rügen liegt der Vilm, ein streng geschütztes Stück verwunschene Natur mit 400 Jahre alten Bäumen.

Ein frischer Wind pfeift über den Greifswalder Bodden, an Deck der MS Julchen drängen sich die Passagiere, die Kabine bleibt leer. Keiner will das Anlegen an der Mole der Insel Vilm verpassen. Nur fünfzehn Minuten dauert die Überfahrt, dann führt Kapitän Andreas Kuhfuß seine Gruppe auf das einen Quadratkilometer große Eiland.

ABGESCHOTTETE DDR-PROMINENZ

Die Tickets für die Fahrt sind genau abgezählt – mehr als sechzig Besucher am Tag dürfen die Insel nicht betreten. Rund drei Kilometer vor Rügen gelegen, steht „der Vilm" unter strengem Naturschutz. In den 1950er-Jahren drohte der Tourismus die Natur zu ersticken. „An manchen Tagen kamen bis zu 700 Besucher", erzählt der Käpt'n. „Die trampelten durch den wertvollen Urwald."

Damit war Schluss, als der Ministerrat der DDR auf die Insel aufmerksam wurde. 1959 ließ die Politprominenz eine Feriensiedlung mit reetgedeckten Bungalows errichten. Das gemeine Volk hatte der Insel fortan fernzubleiben. Die Abschottung der Regierenden regte die Fantasie der Rüganer an. „Damals kursierten wilde Geschichten über den Luxus, der hier herrschen sollte", weiß Kuhfuß, „aber das meiste war völlig übertrieben." Nach der Wende strömten die DDR-Bürger in Scharen auf den Vilm, um sich selbst einen Eindruck vom „dekadenten Leben" von Erich & Co. zu verschaffen. „An den Fragen der Gäste merken wir, woher sie kommen", sagt Kuhfuß. „Die aus dem Osten wollen sehen, wo Honecker gewohnt hat. Die aus dem Westen wollen in den Urwald."

400-JÄHRIGE BAUMRIESEN

Sobald die Gruppe hinter der Siedlung in die Natur eintaucht, ist das Thema Politik vergessen. Mächtige Buchen krallen sich an das Hochufer, das steil zum Meer abbricht. Warzige, verwitterte Eichen säumen den Weg. „Viele der Bäume sind über 400 Jahre alt", erklärt Kuhfuß. Seit Mitte des 16. Jahrhunderts wurde auf dem Vilm kein Baum mehr gefällt, mehr als 500 Pflanzenarten wurden gezählt. Im Wald tummeln sich Steinmarder, Dachse, Füchse und Wildschweine. „Manche Tiere schwimmen von Rügen her oder kommen im Winter übers Eis", so Andreas Kuhfuß.

Schon vor 200 Jahren entdeckten Maler die verwunschene Natur: Über 300 Künstler aller Stilrichtungen sollen auf dem Vilm gewesen sein, angefangen bei Caspar David Friedrich, der hier das Gemälde „Landschaft mit Regenbogen" schuf. Sein Kollege Karl Gustav Carus schrieb 1819 begeistert in sein Tagebuch: „Ich habe kaum jemals wieder das Gefühl so ganz reinen, schönen und einsamen Naturerlebens gehabt wie damals auf dem kleinen Eilande, das sonst niemand zu sehen pflegt, der Rügen besucht."

BESUCH AUF DEM VILM

Die Exkursion zur Insel Vilm dauert ca. 3 Std. (Überfahrt ca. 15 Min.) und ist nur nach Anmeldung möglich.
Fahrgastreederei Lenz, 18581 Lauterbach/Rügen, Tel. 03 83 01/6 18 96, www.vilmexkursion.de

Das Bundesamt für Naturschutz veranstaltet Ausstellungen und Konzerte auf der Insel.
www.bfn.de

Jedes Jahr im August treffen sich Sportler zum „Vilmschwimmen", zur Überquerung des Boddens vom Vilm nach Rügen.
www.vilmschwimmen.de

Maßstab 1:190.000
0
2
4km
01
02
03
04
05
STRALSUND
Rügen
BERGEN auf Rügen
PUTBUS
GARZ/Rügen
Samtens
GREIFSWALD
GRIMMEN
Süderholz
Kubitzer Bodden
Strelasund
Rügischer Bodden
Greifswalder Bodden
Prohner Wiek
Deutsche Alleenstraße
Europäische Route der Backsteingotik
Schwedenstraße
Altefähr
Rambin
Gingst
Ummanz
Lieschow
Liebitz
Poseritz
Gustow
Dänholm
Drigge
Andershof
Brandshagen
Reinberg
Miltzow
Zarrendorf
Wendorf
Steinhagen
Prohn
Kramerhof
Klausdorf
Wilmshagen
Horst
Neuenkirchen
Wackerow
Levenhagen
Hinrichshagen
Dersekow
Weitenhagen
Groß Kiesow
Dargelin
Sassen-Trantow
Elmenhorst
Behnkendorf
Wittenhagen
Papenhagen
Zudar
Glewitzer Fähre
Palmer Ort
Mittelgrund
Riems
Koos
Dreschvitz
Sehlen
Thesenvitz
Buschvitz
Kluis
Jarnitz
Kleiner Jasmunder Bodden
Neuendorf
Kemnitz
Diedrichshagen

Ruhm der Backsteine

Das idealtypische mittelalterliche Stadtbild der Hansestadt Stralsund, seit 2002 Welterbe der UNESCO, erstrahlt heute in neuem Backsteinglanz. Auf Rügen steuern kulturhistorisch Interessierte Bergen an und die „weiße Stadt" Putbus. Wanderer zieht es auf die Inseln Zudar, Vilm und Pulitz.

01 STRALSUND

Die 57000-Einw.-„Metropole" ist mit ihrer als Welterbe ausgezeichneten Altstadt eines der Glanzlichter Mecklenburg-Vorpommerns und festländisches Sprungbrett für Rügenbesucher. Die Verleihung der Stadtrechte 1234 gab den Startschuss für den raschen Aufstieg. Auch die Zerstörung durch die Konkurrentin Lübeck nur 15 Jahre später konnte das Wachstum nicht aufhalten. Wohlstand kam im 13. und 14. Jh. mit Fernhandel und Hansebund. In dieser Zeit entstanden die berühmten Bauten der Backsteingotik. Ab dem 17. Jh. gehörte die Stadt zu Schweden, 1815 ging sie in preußischen Besitz über. Im 19. Jh. entwickelte sie sich wieder zu einem bedeutenden Handelszentrum. Nach dem Zweiten Weltkrieg sorgte die Volkswerft für Arbeitsplätze. In der Zeit nach der Wende wurde sie umfassend modernisiert, seitdem werden hier vor allem Containerschiffe hergestellt – seit Juni 2014 unter dem Namen Nordic Yards.

Sehenswert

Zwischen 1384 und 1478 erbaut, zählt die **Marienkirche** ▶TOPZIEL am Neuen Markt im Süden der Altstadtinsel mit ihrem riesigen Innenraum zu den größten Backsteinkirchen der Ostseeregion; vor allem der Marienkrönungsaltar (15. Jh.) und die Barockorgel (1659) des Orgelbaumeisters Friedrich Stellwagen beeindrucken in der dreischiffigen Basilika. Von der Aussichtsplattform des 104 m hohen Turms genießt man den Blick über die Stadt bis zu den Inseln Rügen und Hiddensee. Herausragende Beispiele der Backsteingotik findet man auch um den Alten Markt weiter nördlich. Das **Rathaus** (13. Jh.) ist mit einer prächtigen Fassade geschmückt, im ersten Stock die Wappen der deutschen Hansestädte. Schräg hinter dem Rathaus ragt die **Nikolaikirche** (1276) auf; neben zahlreichen Altären besitzt sie eine astronomische Uhr (1394). Ebenfalls am Alten Markt erhebt sich mit schönem Pfeilergiebel das **Wulflamhaus** (14. Jh.). Das **Kommandantenhaus** (1746) gegenüber war einst Sitz der schwedischen Kommandantur. Bemerkenswert auch das **Giebelhaus** (13. Jh.) und das **Dielenhaus** (14. Jh.) in der Mühlenstraße. Das **Scheelehaus** (14. und 17. Jh.) in der zum Hafen führenden Fährstraße, der ältesten Stralsunds, ist nach dem hier oder im Nachbarhaus geborenen Entdecker des Sauerstoffs Carl Wilhelm Scheele (1742 bis 1786) benannt. Im Norden der Altstadt liegt das **Johanniskloster** (14. Jh.); die Kirche ist nur als Ruine erhalten, während man in der Klosteranlage den Kreuzgang, Wand- und Gewölbemalereien, einen Rosengarten und die Barockbibliothek besichtigen kann (Mo.–Do. 9.00–17.00 Uhr). Von den einst zehn Stadttoren sind zwei übrig, das **Kütertor** (1446) im Westen und das **Kniepertor** (15. Jh.) im Norden. Anfang des 14. Jh. als dritte große Backsteinkirche der Stadt errichtet, wird die **Jakobikirche** heute für Kulturveranstaltungen genutzt.

Museen

Im 1251 gegründeten ehem. Katharinenkloster ist das **Meeresmuseum** untergebracht, das den Lebensraum Ostsee, aber auch Aquarien mit Fischen aus dem Mittelmeer und aus den Tropen sowie drei Arten von Meeres-Schildkröten zeigt (Katharinenberg 14–20, www.meeresmuseum.de; Juli–Sept. tgl.. 10.00–17.00, Okt. bis Juni Di.–So. 10.00–17.00 Uhr). Ebenfalls auf dem Gelände des Klosters zeigt das **Kulturhistorische Museum** Objekte aus der Geschichte Stralsunds und Vorpommerns von der Frühzeit bis in die Moderne; Attraktion ist der Hiddenseer Goldschmuck (Mönchstr. 25 bis 27; tgl. 10.00–17.00 Uhr). Im alten Hafen kann man die 1933 gebaute Bark **Gorch Fock (1933)** besichtigen, die Vorgängerin des derzeitigen Segelschulschiffs der Bundesmarine (April–Okt. tgl. 10.00–18.00, sonst 11.00–16.00 Uhr). Auf der Hafeninsel im Nordosten der Altstadt liegt das **Ozeaneum** ▶TOPZIEL, das 2010 zu Europas Museum des Jahres gekürt wurde (Juni–Sept. tgl. 9.30–20.00, sonst bis 18.00 Uhr; www.ozeaneum.de). Auf dem Kleinen Dänholm zwischen Stralsund und Rügen lohnt das **Nautineum**, das sich der Meeresforschung und Fischerei widmet (Mai–Okt. tgl. 10.00–16.00 Uhr; www.meeresmuseum.de).

Veranstaltungen

Anfang Juni findet das **Hafenfest Stralsund** mit den **Tagen der Seeschifffahrt** statt. Einen Monat später beweisen sich Langstreckenschwimmer beim **Internationalen Sundschwimmen** auf der 2,4 km langen Strecke von Altefähr nach Stralsund. Mit den **Wallensteintagen** feiert man Ende Juli den erfolgreichen Widerstand gegen die Truppen Wallensteins 1628. Mitte Sept. erklingt die Orgel der Marienkirche bei den **Friedrich-Stellwagen-Orgeltagen**. Mitte Oktober wird der **Rügenbrücken-Marathon** ausgetragen. **Stadtführungen** mit verschiedenen Themenschwerpunkten (Mai–Okt. tgl.) und **Brauereiführungen** in der Stralsunder Brauerei (Greifswalder Chaussee 84, Tel. 03831/2550, www.stralsunder.de; ein- bis dreimal tgl.).

Aktivitäten

Entspannen kann man am nordöstl. Stadtrand in der Therme des **HanseDoms** mit Wellnessangeboten (Grünhufer Bogen 18–21, www.han

Tipp

Schwangere Männer?

Wie viele Spitzen zählt die Fassade des Stralsunder Rathauses? Woraus ist Backstein zusammengesetzt? Wo findet man die Einbauküchen des 17. Jh.? Und gibt es in Stralsund tatsächlich schwangere Männer? Wer beim Lesen dieser Fragen nur ratlos den Kopf schüttelt, wird bei der „Backsteinrallye" um einige Erkenntnisse reicher. Spielerisch kann man bei dieser Schnitzeljagd die Stadt erkunden. Vorkenntnisse sind nicht erforderlich, die Lösungen sind in der Stadt versteckt.

Spielregeln und Fragebögen in der Tourismuszentrale

Tipp

Süffig, lecker: Störtebeker

Wer seit mehr als 800 Jahren Bier braut, der weiß wie es geht: In der Störtebeker Braumanufaktur finden täglich Brauereiführungen statt, auf denen man neben einem Rundgang durch das historische Sudhaus samt Kühlschiff auch die moderne Produktion der weltweit prämierten Brauspezialitäten hautnah miterlebt. Höhepunkt jeder Führung ist eine kleine Bierverkostung, auf der einige der Brauspezialitäten selbst entdeckt werden können.

*Störtebeker Braumanufaktur GmbH
Greifswalder Chaussee 84–85
18439 Stralsund, Tel. 03831/255-0,
www.stoertebeker.com*

sedom.de; So.–Do. 9.30–22.00, Fr., Sa. bis 23.00 Uhr). Benachbart ist der **Tierpark Stralsund** (Sommer tgl. 9.00–18.30, Winter 10.00 bis 16.00 Uhr). Im alten Hafen legen **Ausflugsschiffe** zu Rundfahrten und zur Überquerung des Strelasunds ab.

Umgebung
Schon Wilhelm von Humboldt rühmte den Blick von **Altefähr** auf Stralsund; bis zum Bau des Rügendamms war der Ort der wichtigste Fährhafen Rügens. Sehenswert ist die Turmuhr der Nikolaikirche (15. Jh.), über Eck angebracht.

Information
Tourismuszentrale der Hansestadt Stralsund, Alter Markt 9, 18439 Stralsund, Tel. 0 38 31 / 2 46 90, www.stralsundtourismus.de

02 SAMTENS

Samtens (2000 Einw.) gilt als landwirtschaftliches Zentrum Rügens. Im zugehörigen Rambin einem der ältesten Dörfer Rügens, hat der Dichter Ernst Moritz Arndt in seiner Jugend gelebt.

Sehenswert
Die **Kirche** (Anf. 15. Jh.) zeigt Reste von Wandmalereien aus der Spätgotik. Über 10 000 Modelle von Autos, Flugzeugen, Schiffen und Lokomotiven sind im **Technik-Modell-Museum** versammelt (Muhlitzer Straße 3, Tel. 0172 / 3 83 89 86; April–Okt. tgl. 14.00–17.00 Uhr).

Umgebung
Aus dem 14. Jh. stammt die Dorfkirche St. Johannis in **Rambin** (westl.). Der Bauernmarkt (tgl.) bietet eine große Auswahl an inseltypischen Produkten. Südöstl. Rambin stößt man auf die Neun Berge, von Bäumen bewachsene bronzezeitliche Hügelgräber. Auf Radwanderwegen lässt sich die Umgebung erkunden, so bei einer Tour nach Altefähr. In **Gustow** (südl.) sind die Pfarrkirche (13./14. Jh.) und die Mordwange genannten Sühnesteine interessant: Erinnerung an einen erschlagenen Prediger.

Information
Amt West-Rügen, Dorfplatz 2, 18573 Samtens, Tel. 0 38 306 / 15 90, www.amt-swr.de

03 GARZ

Der Ort (2200 Einw.) erhielt 1319 Stadtrecht und ist somit die älteste Stadt Rügens. Im nahen Groß Schoritz wurde Ernst Moritz Arndt (1769–1860) geboren.

Sehenswert
Die Kirche **St. Petri** (14. Jh.) ist im Innern vorwiegend barock gehalten. Nur eine Ahnung einstiger Größe vermittelt die slawische **Burg Charentia** (10.–12. Jh.), von der nach der Zerstörung 1199 nur die Burgwälle übrig blieben. Die Überreste sind heute Teil des Stadtparks.

Museum
Das **Ernst-Moritz-Arndt-Museum** zeigt Exponate aus dem Leben des Dichters und der Zeit um 1800 (An den Anlagen 1; Mai–Okt. Di.–Sa. 10.00 bis 16.00, sonst Mo.–Fr. 11.00–15.00 Uhr).

Umgebung
In **Groß Schoritz** (südl.) ist das 250 Jahre alte Geburtshaus von Ernst Moritz Arndt zu sehen. In **Poseritz** (südwestl.) steht die Backsteinkirche St. Marien (14. Jh.) auf einem Sockel aus Findlingen. Nördl. liegt das im Tudor-Stil erbaute **Jagdschloss Karnitz** (1835; Privatbesitz); der Schlosspark ist heute Golfplatz. 4 km südl. ragt die **Halbinsel Zudar** in den Greifswalder Bodden, Brut- und Raststätte vieler Vogelarten.

Information
siehe Bergen

Tipp

Wohnen in der „Nixe"

Morgens nach dem Aufstehen direkt ins Meer, ein Sonnenbad auf schaukelnder Terrasse, später ein Fischmenü an der frischen Seeluft: Die schwimmenden Ferienhäuser im Hafen von Lauterbach bieten echtes Inselfeeling. Die pastellfarbenen Häuser mit Namen wie „Flunder", „Hering" oder „Nixe" sind an einem 150 m langen Steg vertäut. Bad, Küchenzeile und Sonnenterrasse gehören ebenso zur Ausstattung wie ein Anleger für Bootsbesitzer.

im-jaich Wasserferienwelt Rügen, Am Yachthafen 1, 18581 Putbus-Lauterbach, Tel. 0 38 301 / 80 90, www.im-jaich.de

04 PUTBUS

Das beschauliche Putbus (4300 Einw.) ist Rügens Theater- und Rosenstadt. Fürst Wilhelm Malte I. zu Putbus begann 1808 mit dem Ausbau des kleinen Ortes zur Residenzstadt. Innerhalb weniger Jahre entstanden das klassizistische Ensemble des „Circus", Schlosspark und Theater. Das mehrfach abgebrannte und neu errichtete Schloss wurde 1964 gesprengt.

Sehenswert
Ortsmittelpunkt ist der **„Circus"** ▶**TOPZIEL**, ein kreisrunder Platz mit einem Obelisken in der Mitte und 16 Häusern im klassizistischen Stil, die das Rondell umgeben. Am Marktplatz steht das einzige **Theater** (1821) auf Rügen. Den **Schlosspark** ließ Fürst Malte im Stil englischer Landschaftsgärten errichten. Vom zerstörten **Schloss** blieb nur die Terrasse am Schwanenteich übrig. Im Park steht auch die **Schlosskirche** (1846), ein ehemaliger Kursalon.

Museen
Das Museum **Putbus Historium** informiert über die Stadtgeschichte (Lauterbacher Str. 9 a; April–Okt. 10.00–18.00, sonst 10.00–16.00 Uhr). Die Werke Rügener Künstler findet man in der **Orangerie** am Rand des Schlossparks (Alleestraße 5; Mai–Okt. tgl. 10.00–17.00, sonst Di. bis Sa. 11.00–17.00 Uhr). Eine Uhrensammlung mit Exponaten vom 15. bis 20. Jh. gibt es im **Historischen Uhren- und Musikgeräte-Museum** zu sehen (Alleestr. 13, www.uhrenmuseum-putbus.de; Mai–Okt. tgl. 10.00–18.00, sonst 11.00–16.00 Uhr). Eine historische Spielzeugsammlung zeigt das **Puppen- und Spielzeugmuseum** im einstigen Affenhaus im Schlosspark (Kastanienallee; tgl. 10.00–18.00 Uhr). In der **Alten Schmiede** im Schlosspark erinnert eine Ausstellung an das verschwundene Schloss (Mai–Okt. tgl. 11.00 bis 17.00 Uhr).

Veranstaltungen
Das **Theater Putbus** bietet als eine von drei Spielstätten des Theaters Vorpommern Schauspiele, Konzerte und Opern (Markt 13, Kartentel. 0 38 301/80 83 30, www.theater-putbus.de).

Umgebung
Eine Lindenallee führt in den kleinen Hafen **Lauterbach,** dessen Marina viele Segler anzieht. Hier steht das Haus Goor, ein einstiges Badehaus (1817/18; heute Hotel), das an einen griechischen Tempel erinnert. Von Lauterbach aus erreicht man die **Insel Vilm** (siehe S. 32).

Information
Putbus-Information, Orangerie, Alleestraße 35, 18561 Putbus, Tel. 0 38 301 / 4 31, www.putbus.de

05 BERGEN

In der geografischen Mitte Rügens liegt die „Inselhauptstadt“ (13600 Einw.), Kreisstadt des Landkreises Rügen. Bergen ist das wirtschaftliche und Verwaltungszentrum der Insel, der Punkt, an dem alle Bahn- und Buslinien sowie Straßen zusammentreffen. Der slawische Fürst Jaromar I. errichtete hier um 1180 die Marienkirche, einige Jahre später gründeten Zisterzienserinnen aus Dänemark ein Kloster. Es entstand ein geschäftiger Flecken, der schon im 14. Jh. zentraler Marktort Rügens war. Stadtrechte erhielt Bergen trotzdem erst 1613.

Sehenswert

In der Nähe des Marktplatzes steht die wuchtige Backsteinkirche **St. Marien** (um 1180), die älteste Kirche Rügens; bemerkenswert sind die aus dem 13. Jh. stammenden Wandmalereien (www.kirche-bergen.de). Direkt am Marktplatz befindet sich das **Benedix-Haus** (um 1600), ein modernisierter Fachwerkbau, heute u.a. Touristeninformation. Kunsthandwerker präsentieren ihre Arbeiten in der **Schauwerkstatt im Klosterhof** (Billrothstraße 20 b; Sommer Di. bis Fr. 11.00–18.00, sonst Di.–Fr. 11.00–16.00 Uhr). Auf dem Rugard, der mit 90 m höchsten Erhebung Rügens, entstand 1877 der **Ernst-Moritz-Arndt-Turm,** der einen weiten Blick bietet (März–Okt. tgl. 10.00–18.00 Uhr, sonst Schlüssel im Hotel gegenüber).

Museen

Im Klosterhof ist das **Stadtmuseum** untergebracht, das Funde aus der Ur- und Frühzeit präsentiert sowie Objekte aus der Stadt- und Inselgeschichte (Billrothstraße 20 a; Mai–Okt. Di. bis Sa. 10.00–16.30, sonst Di.–Fr. 11.00–15.00, Sa. 10.00–13.00 Uhr).

Aktivität

Ganzjährig fahren kann man auf der **Inselrodelbahn** (Rugardweg 7, www.inselrodelbahn-bergen.de; Juli/Aug. tgl. 10.00–19.00, April–Juni, Sept./Okt. bis 18.00, sonst von 13.00 Uhr bis Sonnenuntergang). Der **Kletterwald Rügen** bietet 5 Parcours (April–Okt. 10.00–18.00 Uhr, www.kletterwald-ruegen.eu).

Umgebung

Ein 5 km langer Rad- und Wanderweg führt um den **Nonnensee,** Rastplatz vieler Vogelarten. Die **Halbinsel Pulitz,** östl. im Kleinen Jasmunder Bodden (Karte S. 52), ist ein Naturschutzgebiet und darf nur zu Fuß betreten werden.

Information

Touristeninformation, Markt 23, 18528 Bergen, Tel. 03838/8286186, www.stadt-bergen-auf-ruegen.de

DuMont Aktiv

Schiffstouren ab Stralsund

Der Strelasund und die Küste zwischen Rügen und Hiddensee sind wie geschaffen für Entdeckungen auf dem Wasser. Zum Schnuppern bietet sich eine Rundfahrt durch Stralsunds Hafen an. Wer mehr Zeit hat, heuert für einen Segeltörn rund um Hiddensee oder bis nach Dänemark an.

Der berühmte Blick von Rügen auf die Skyline von Stralsund huscht beim Weg über die neue Rügenbrücke nur allzu schnell vorüber. Am besten betrachtet man die Silhouette mit den trutzigen Kirchtürmen bei einer Hafenrundfahrt. Die zweistündige Tour erlaubt auch einen Blick von unten auf den hellblauen Pylon und die mächtigen Stahltrosse der neuen Brücke, auf die moderne Werft und die Insel Dänholm, die traditionell als militärische Ausbildungsstätte genutzt wurde. Schon nach wenigen Minuten ist Altefähr auf Rügen für einen Stopp erreicht.

Luftige Tagestour ab Stralsund

Segeltörn rund um Hiddensee

LEINEN LOS!

Wer ausgiebiger in See stechen möchte, kann sich in Stralsund eine Yacht mieten oder bei einer eintägigen Umrundung Hiddensees mitsegeln. Einwöchige Törns auf der Yacht Bavaria führen bis nach Bornholm oder Kopenhagen. Wer mag, darf bei den meisten Anbietern beim Segelsetzen selbst mit Hand anlegen.

Highlight des maritimen Stralsund ist die Seglerwoche, die jeden Juni stattfindet. Beim größten Seglertreffen im vorpommerschen Ostseeraum wetteifern Hunderte Skipper in spannenden Regatten.

WEITERE INFORMATIONEN

- Die Weiße Flotte bietet **Hafenrundfahrten** und eine **Fährverbindung** nach Altefähr/Rügen. *Mai–Okt. 10.00–17.00 Uhr; www.weisse-flotte.de*
- Sea Trips in Stralsund veranstaltet **Segeltörns.** *www.seatrips.de*
- **Fahrten nach Hiddensee** bietet von April bis Oktober die Reederei Hiddensee. *www.reederei-hiddensee.de*
- Touren mit der 14-Meter-Yacht **Sabrina** sind über das Internet buchbar. *www.hellmich-segelreisen.de*

Nicht von dieser Welt

Die weitgehend autofreie Insel Hiddensee gilt als Oase der Stille und beliebter Künstlertreff. Zwei Drittel ihrer Fläche nimmt der Nationalpark Vorpommersche Boddenlandschaft ein. Hier lassen sich die Prozesse von Landbildung und -verlust eindrucksvoll beobachten. An Rügens nördlichem Kap haben die Slawen Spuren ihres Götterkults hinterlassen.

Fast schon unwirklich: Sonnenuntergang am Strand von Neuendorf auf Hiddensee

Mecklenburg-Vorpommerns letzte Dünenheide findet sich südlich von Vitte.

Zweiradvergnügen auf Hiddensee: Der Individualverkehr wird mit Fahrrädern abgewickelt, ...

Vitte ist Hiddensees Haupthafen. Hier sind noch Fischerboote beheimatet.

… für „Massentransporte“ gibt es Pferde als Zugtiere.

„Hiddensee ist eines der lieblichsten Eilande, nur stille, stille, dass es nicht ein Weltbad werde.“

Gerhart Hauptmann

Hiddensee-Fans erkennt man daran, dass sie den Namen der Insel schwelgerisch auf der Zunge zergehen und den Blick dabei sehnsuchtsvoll in die Ferne schweifen lassen. Hiddensee sei paradiesisch, malerisch, verwunschen und unverdorben, so steht es in jedem Reiseführer. „Ein Ort, um die Seele baumeln zu lassen.“ Und es stimmt: Hiddensee ist nicht ganz von dieser Welt. Jeder Besucher hat seine eigene Begründung für die Liebe zu dieser Insel. An erster Stelle steht die Vielfalt der Landschaften – vom Dornbusch im Norden mit seinen Klippen, dichten Wäldern, Ginster- und Sanddornbüschen bis zum Gellen im Süden, dem Schwemmland mit Dünen, Salzwiesen und Sandstränden. Dazu kommt das besondere Licht: Wer einmal den Sonnenuntergang vom Leuchtturm auf dem Dornbusch aus erlebt hat, ist für andere Reiseziele verloren.

GEBREMSTER WANDEL

„Bei euch hat sich gar nichts verändert!“, diesen Satz bekommen die Hiddenseer oft von Gästen zu hören. Nicht als Ausdruck von Enttäuschung, sondern als Lob. Während in den letzten Jahrzehnten überall an der Ostseeküste fleißig gebaut wurde, Investitionen in neue Straßen, Luxushotels, Einkaufs- und Wellnesscenter flossen, ist davon auf Hiddensee kaum etwas zu spüren. „Die Insel Hiddensee bekennt sich zu ihrer Autofreiheit“, lautete 1998 ein Beschluss des Inselrates. Außer den Fahrzeugen von Arzt, Polizei und Feuerwehr, dem Inselbus und einigen Versorgungsfahrzeugen sind keine privaten Kraftfahrzeuge erlaubt. Ganz ohne Pferdestärken geht es aber nicht: Trifft man mit der Fähre im Hafen ein, stehen Kutschen zum Weitertransport parat.

Auch auf Hiddensee war das Interesse von Investoren an Bauprojekten in der Nachwendezeit sehr groß. Die Insel hat jedoch einen Engpass, der einem größeren Wachstum im Wege steht: das Trinkwasser. Hiddensee versorgt sich über ein Grundwasserreservoir im Hochland. Wird zu viel abgepumpt, drängt Salzwasser nach, und die Wasservorräte verderben. Nach einigen wilden Jahren, in denen vor allem im Hauptdorf Vitte ungebremst gebaut wurde, verhängte die Inselverwaltung im Jahr 2000 einen Baustopp. In der aktuellen Bauleitplanung hat der Ressourcenschutz Vorrang. Zusätzliche Gebäude sind nur noch in Einzelfällen vorgesehen.

PROGNOSEN AM LEUCHTTURM

Das 1998 ins Leben gerufene Wetterstudio Hiddensee war zu Beginn in einem Ferienhaus untergebracht. Mittlerweile haben die Metereologen ein festes Do-

Hiddensee-Architektur von Max Taut in Vitte.
Der Ostpreuße war häufig Gast auf der Insel.

Die Blaue Scheune in Vitte, Hiddensees letzte Rauchkate, dient heutzutage als Galerie.

Für Strandläufer und (Bernstein-)Schatzsucher: Hiddensees schier endloser Weststrand

Special WIKINGERSCHATZ

Goldschmuck auf Hiddensee

Kleine Schätze findet fast jeder Besucher am Strand von Hiddensee: einen „Hühnergott", schöne Muscheln, vielleicht sogar Bernstein. Ein Fund ging jedoch als märchenhaft in die Inselgeschichte ein.

1872 entdeckten Fischer am Strand von Neuendorf ein glitzerndes Stück Gold. In den folgenden Jahren kamen fünfzehn weitere Teile ans Tageslicht: ein geflochtener Halsreif, eine Schalenspange, kreuzförmige Hängestücke, Zwischenglieder. Christliche Kreuze und heidnische Tiersymbole waren darin eingearbeitet. Heute gilt der 596 Gramm schwere „Hiddenseer Goldschmuck" als einer der wertvollsten Schätze aus der Wikingerzeit. Eine Legende schreibt ihn dem Wikingerkönig Harald Blauzahn zu, der ihn auf Hiddensee vergraben haben soll. Gefertigt wurden die Stücke vermutlich um 950 in Jütland.

Die Reise des Schmucks war in Hiddensee allerdings nicht zu Ende: Nach dem Zweiten Weltkrieg landete er zunächst in der Sowjetunion und

Über tausend Jahre alter Wikingerschmuck

wurde später dem Kulturhistorischen Museum in Stralsund zurückgegeben. Dort lagert er im Safe – Besucher sehen nur eine originalgetreue Nachbildung, ebenso wie im Heimatmuseum in Kloster.

Wer seine Augen gar nicht von dem Schatz losreißen kann, für den gibt es einen Trost: Man kann ihn sogar kaufen – zahlreiche Juweliere in der Region haben sich auf Nachbildungen spezialisiert.

mizil in Kloster. Doch selbst der Wetterfrosch der ARD darf hier kein Auto fahren. Der Meteorologe packt mehrmals in der Woche Kamera, Stativ und Mikrofon auf einen Handkarren, rattert den Berg hinauf und baut die Ausrüstung vor dem Leuchtturm auf – überaus beliebtes Hintergrundmotiv des Wetterberichts im Norddeutschen Rundfunk. Er ist Wetterexperte, Kameramann, Tontechniker und Sprecher in Personalunion. Nur bei Sturm kommt ein Kollege mit und hält die Kamera fest. Drei Meteorologen wechseln sich bei der Besetzung des Studios im Hafen von Kloster ab, von wo sie Radio- und Fernsehsender beliefern. Auf mehreren Bildschirmen flimmern die aktuellen Werte von mehr als 450 Wetterstationen in ganz Deutschland: Windstärke, Windrichtung, Wolkenentwicklung, Regenechos, Pollenflug, Temperaturen. „Aus den Daten muss ich die Vorhersage basteln", erklärt der Meteorologe. Morgens um sechs rufen schon die ersten Radiosender an. Später folgt das Fernsehen. Dann gibt er betont locker seine Prognose durch. „Moderation mit Krawatte und Grabesstimme ist out", sagt der professionelle Wetterprophet.

STILLE UND INSPIRATION

„Hiddensee ist eines der lieblichsten Eilande, nur stille, stille, dass es nicht ein

Hiddensees Leuchtturm auf dem Dornbusch: beliebt als Wanderziel, …

… Foto- oder Zeichenmotiv …

… und als Aussichtspunkt, von dem der Blick bis nach Rügen reicht.

Weltbad werde", schrieb Gerhart Hauptmann, der Literaturnobelpreisträger von 1912. Er war nicht der einzige Prominente, der die Insel für sich entdeckte. Albert Einstein, George Grosz, Käthe Kruse, Asta Nielsen, Thomas Mann, Billy Wilder, Hans Fallada, Carl Zuckmayer und Ernst Barlach stehen in der Inselchronik. Hauptmann nannte Hiddensee „das geistigste aller deutschen Seebäder". Nach seinem ersten Besuch 1886 kam er zunächst sporadisch, später fast jeden Sommer und verweilte teilweise mehrere Monate, um intensiv zu arbeiten. Zahlreiche Werke entstanden auf Hiddensee, beeinflusst durch die einzigartige Atmosphäre: Stille und Abgeschiedenheit, die Natur und natürlich das Meer, „das geradezu bis zu Tränen erschütternde Brausen der See". Um sein wachsendes Bedürfnis nach Einsamkeit zu stillen, kaufte der Dramatiker 1930 das „Haus Seedorn" und erweiterte es nach seinen Wünschen. Heute wandeln Touristen durch sein Arbeitszimmer, die Bibliothek und den Weinkeller, lesen die Notizen, die der Dichter an die Wand über seinem Bett kritzelte, wenn ihn die Inspiration überfiel oder Albträume plagten: Sätze wie „Schweigen ist die größte Kunst" oder „Es lohnt nicht mehr". 1943 besuchte Hauptmann sein „süßes Ländchen" zum letzten Mal. Drei Jahre später wurde er auf dem Inselfriedhof begraben.

EINE INSEL IN BEWEGUNG

An der von Künstlern geschätzten wilden Natur hat sich seit damals nur wenig verändert, denn die Natur selbst bildet den größten Motor des Wandels. An kaum einem anderen Ort erlebt man so eindrucksvoll die Abtragungs- und Landbildungsprozesse der Ostsee. Unaufhörlich schmirgeln die Gezeiten am Kliff unterhalb des Dornbuschs. Der abgespülte Sand wird nach Südosten geschwemmt, wo er sich wieder anlagert. Nur regelmäßiges Ausbaggern der Fahrrinne verhindert, dass Hiddensee und Rügen zusammenwachsen. Durch Land-

Die Reetdachhäuser und der kleine Hafen von Vitt in Rügens Norden stehen unter Denkmalschutz.

Fische werden hier noch in sogenannten Tonnenöfen geräuchert.

Markieren Rügens Nordspitze: Leuchttürme am Kap Arkona.

In Vitt dreht sich alles um die Fischerei, und das schon seit Jahrhunderten.

bildung entstand der drei Kilometer lange Zipfel des Altbessins, von dem vor 400 Jahren noch nichts zu sehen war. Westlich davon wächst der Neubessin bis zu dreißig Meter jährlich in den Bodden. 2007 brach ein dritter Landarm ab und bildete eine kleine Insel.

Ranger des Nationalparks Vorpommersche Boddenlandschaft, der über zwei Drittel Hiddensees umfasst, führen Wanderer über den Altbessin: Mit Blick auf das Dorf Kloster geht es durch blumengesprenkelte Wiesen, in denen Frösche ein Konzert geben. „Der Prozess der Landbildung ist unaufhaltsam", erklärt ein junger Parkwart. „Auf dem sandigen Schwemmland siedeln sich erste Gräser an, später folgen Pioniergewächse wie der Sanddorn, die den Boden weiter verfestigen." Der Ranger zeigt auf seltene Blumen und Kräuter wie die Strandgrasnelke, das Wilde Stiefmütterchen und das Habichtskraut.

DIE KRANICHE KOMMEN

In einem Aussichtsturm an der Spitze des Bessins wartet eine Vogelwartin auf Wandergruppen. Ihr Fernglas hat sie gerade auf einen Seeadler gerichtet. Sie spürt Alpenstrandläufer, Brach- und Watvögel auf und erklärt deren Fischfangmethoden. Die Tierschützerin lebt jedes Jahr vier Wochen in einer kleinen Hütte ohne Strom und fließend Wasser auf dem Neubessin. Als eine von vielen ehrenamtlichen Vogelwarten zählt sie die Brut der Seevögel und passt auf, dass keine „Tierfreunde" in die geschützte Kernzone des 1990 gegründeten Nationalparks eindringen. Das Schutzgebiet erstreckt sich von der Halbinsel Darß über Hiddensee bis nach Rügen. Von Ausblicken und Unterständen können Besucher die artenreiche Tierwelt beobachten, etwa die Kranichrastplätze.

Jedes Jahr von Anfang Oktober bis Mitte November wird es eng im Luftraum über der Ostsee. Wenn die Feriengäste die Strände geräumt haben, fliegt die gefiederte Ablösung aus Skandinavien, Polen und dem Baltikum ein.

Wenn die Feriengäste die Strände geräumt haben, fliegt die gefiederte Ablösung ein.

Bis zu 80 000 Kraniche suchen dann in der sogenannten Rügen-Bock-Kirr-Region den größten Kranichrastplatz Mitteleuropas auf. Während ihres „Herbsturlaubs" findet man die „Vögel des Glücks", wie sie in vielen Ländern genannt werden, bei der Futtersuche auf abgeernteten Feldern, so auch auf der zu Rügen gehörenden Insel Ummanz. Abends sammeln sich die Tiere an ihren Schlafplätzen im seichten Wasser der Uferbereiche. „Gru-gru", trompetet es dann aus langen Hälsen in den Himmel. Mehrere Wochen schlagen sich die Wanderer der Lüfte an der Ostsee den Bauch voll, ehe sie in ihre Winterquartiere nach Frankreich und Spanien weiterziehen.

AM KAP DER SLAWEN

Ummanz, seit 1901 über eine Brücke mit Rügen verbunden, zählt zum einsamen Norden Rügens: Weite Landschaften und verschlafene Dörfer prägen das Bild. Erst am Kap Arkona, der Nordostspitze der Insel, stößt man auf ein Flächendenkmal, dessen Geschichte bis in die Zeiten slawischer Besiedlung zurückreicht. Drei wuchtige Leuchttürme markieren die windumtoste Landspitze – einer davon wurde 1827 nach

Auch das Inselchen Ummanz im Westen Rügens hat Wurzeln in der Küstenfischerei.

Gegenüber, an der Ostküste, liegt Ralswiek mit seinem Schlosshotel im Neorenaissance-Stil.

Bei den Störtebeker-Festspielen in Ralswiek wird die Erinnerung an den berühmten Seeräuber wachgehalten.

Plänen Karl Friedrich Schinkels erbaut. Im selben Jahr nahm der Leuchtturmwärter Schilling seinen Dienst auf, der sich als Retter vieler Seeleute einen Namen machte – und als kauziges Original. Gegen Seekrankheit empfahl er eine Teufelsmixtur, die in der Magengegend aufzutragen war: „Man nehme 2 Unzen rohes Opium, 2 Drachmen Bilsenkraut-Extract, 10 Gran gepulverte Muskatenblüthe u. 2 Unzen harte Seife, koche dies in 60 Unzen frischen Wassers eine halbe Stunde lang u. rühre es während der Zeit oft um." Von seinem Arbeitsplatz aus konnte Schilling über die Halbinsel Wittow, nach Hiddensee und bis zur dänischen Insel Møn blicken.

Das jüngste der drei Bauwerke ist ein Marine-Peilturm von 1927, der über einer Reihe gleichmäßig geformter, grasüberwachsener Hügel thront: Reste der Jaromarsburg. Im Zuge der Völkerwanderung gelangten um das 6. Jahrhundert die

Die Eroberung leitete die Christianisierung Rügens ein.

slawischstämmigen Ranen nach Rügen und errichteten Tempel, Burgen und Handelsplätze. Am Kap Arkona befand sich zeitweise das politische und religiöse Zentrum der Region. Saxo Grammaticus, ein berühmter dänischer Gelehrter, hielt sich im 12. Jahrhundert mehrfach in der Jaromarsburg auf und beschrieb die „Pracht der Ausstattung" und die „sorgfältig gearbeiteten Skulpturen". Hauptanziehungspunkt für die Slawen war die Statue des Swantevit, ihres wichtigsten Gottes. „Ein gewaltiges Götterbild, den menschlichen Körper an Größe weit übertreffend, wunderlich anzusehen durch seine vier Köpfe und ebenso viele Hälse", schrieb der Chronist. Saxo war auch Zeuge der Zerstörung der Burg durch ein dänisches Heer unter König Waldemar I. im Jahr 1168. Die Eroberung leitete die Christianisierung Rügens ein und beendete die slawische Unabhängigkeit.

Die Zitrone des Nordens

Jeden Herbst steht die Ostseeküste in Flammen: Schon ab Ende August leuchtet es gelb-orange von den Büschen des Sanddorns. Die Reifezeit der Beeren reicht bis in den Oktober, aber auch im Winter bleiben die Früchte meist an den Ästen hängen und setzen an grauen Tagen leuchtende Farbtupfer in die Landschaft.

In den letzten Jahren ist es schwieriger geworden, diesen Anblick längere Zeit zu genießen: Sanddorn als vitaminreiche Delikatesse ist inzwischen so populär, dass Sammler und Hobbyköche früh in der Saison losziehen, um die Büsche zu „melken".

PRALLES GESUNDHEITSPAKET

Ursprünglich war *Hippophae rhamnoides,* der Sanddorn, in Asien beheimatet, von wo aus er im Zuge der letzten Eiszeit bis nach Europa gelangte. In China und Russland wird er bis heute in Plantagen angebaut – eine Tradition, die von der DDR übernommen wurde. Sanddorn weist einen hohen Anteil an Vitamin C auf, der den von Zitrusfrüchten oder der ebenfalls sehr wertvollen Schwarzen Johannisbeere bei Weitem übertrifft. Außerdem enthält die Pflanze viele weitere Vitamine, Mineralstoffe und Spurenelemente, weshalb sie bei drohenden Infekten und zur Stärkung des Immunsystems eingesetzt wird. Sanddornprodukte finden heute bei Krebstherapien oder Entzündungen des Magen-Darm-Trakts begleitend Anwendung. Außerdem werden die in den Beeren enthaltenen Öle in der Kosmetik verwendet: in Seifen, Cremes und Lotionen.

Sanddorn signalisiert schon farblich, dass er viel Sonne getankt hat. Aber ohne schützende Kleidung ist an eine Ernte nicht zu denken.

Leckereien aus Sanddorn stehen auf Rügen, Hiddensee und Usedom auf vielen Speisekarten und sind beliebte Mitbringsel.

VIELFÄLTIGER AROMASPENDER

Bei einer Reise nach Rügen, Hiddensee oder Usedom stößt man unweigerlich auf Sanddorn in allen Variationen – sowohl auf den Speisekarten als auch in Hofläden und Geschäften mit regionalen Produkten. Längst übersteigt die Nachfrage das Angebot, sodass die Früchte nicht mehr ausschließlich von den Inseln stammen, sondern auch von Plantagen auf dem Festland. Der reine Sanddorn ist zu sauer für den Verzehr. Mit Zucker, Sirup oder Honig angereichert, wird er zu Säften, Mus oder Konfitüren verarbeitet. Es gibt Sanddornlikör und Sanddorntee. Man findet ihn als Zutat in Suppen, Soßen und Marinaden, in Salaten oder Süßspeisen.

EIN KNOCHENJOB

Traditionell wird Sanddorn „gemolken", eine echte Knochenarbeit. Geschützt durch Gummihandschuhe, greift sich der Sammler ein Bündel Zweige und streift die Beeren entgegen der Dornenrichtung in einen Eimer. Das funktioniert in der Regel nur mit viel Druck, sodass man eine Mischung aus Saft und zerquetschten Beeren erhält. Manchmal müssen die Äste regelrecht ausgewrungen werden. Ganz ohne Dornenstiche geht das nicht ab – trotz der Handschuhe.

Während das Melken den Busch weitgehend intakt lässt, rücken andere Beerensammler mit großen Scheren an und schneiden die prallen Dolden ab, um sie später zu pressen. Ein Verfahren, das in den geschützten Landschaften nicht erlaubt ist, auf den kommerziellen Plantagen aber in großem Umfang Anwendung findet. Die Beeren werden dort schockgefrostet, dann von den Ästen getrennt und gereinigt. Auf den Inseln rücken die Sammler meist schon Ende August zur ersten Ernte aus. Eigentlich sollte man damit bis Oktober warten, denn nach dem ersten Frost sind die Früchte am besten. Doch auch hier gilt die alte Weisheit: Wer zuerst kommt, mahlt zuerst.

KLEINE AUSWAHL AN BEZUGSADRESSEN

Viele Hofläden und Souvenirshops haben eine breite Palette von Sanddorn-Erzeugnissen im Angebot, zum Beispiel:
Rügenhof am Kap Arkona, www.kap-arkona.de
Rügenmarkt in Sassnitz, www.kutterfisch.de

Sanddornbrände produzieren auf Rügen zum Beispiel:
Erste Edeldestillerie, www.1ste-edeldestillerie.de
Mönchguter Hofbrennerei zur Strandburg, www.hofbrennerei-strandburg.de

Auch online kann man viele Produkte erwerben, von Sanddornkeksen bis Sanddorn-Secco; zum Beispiel bei:
www.sandorado.de

Maßstab 1:190.000
0
2
4km
Kap Arkona
Gellort
Arkona
Jaromarsburg
Putgarten
Vitt
Varnkevitz
Schwarbe
Fernlüttkevitz
Mattchow
Goor
Goorer Berg
Nobbin
Wollin
Zühlitz
Bakenberg
Nonnevitz
Gramtitz
Starrvitz
Lancken
Dranske Hof
Deutsche Alleenstraße
Gudderitz
Presenske
05
Altenkirchen
Drewoldke
Juliusruh
Tromper
Wiek
Dranske
Lanckensburg
Wiek
Breege
Wieker
Bodden
Zürkvitz
Lobkevitz
Bohlendorf
Parchow
Schmantevitz
Kammin
Bischofsdorf
Breeger
Bodden
Woldenitz
Wittow
Schaabe
Glowe
Ruschvitz
Spyckerscher See
Spyker
Schloss Spyker
Polchow
Sagard
Enddorn
Dornbusch
Kloster
Grieben
Vitter
Altbessin
Neubessin
Libben
Bug
Rassower Strom
Schutzzone I
01
Vitte
Hiddensee
Insel Hiddensee
Fährinsel
Fährhof
Wittower Fähre
Breetzer
Bodden
Vieregge
Lebbin
Liddower Haken
Großer
Jasmunder
Bodden
Hochilgor
Grubnow
Liddow
Laase
Neuenkirchen
Moor
Breetz
Moritzhagen
Reetz
Deutsche Alleenstraße
Tetzitzer See
Zessin
Banzelvitzer Berge
Seehof
Vaschvitz
Fischersiedlung
Poggenhof
Neuholstein
Holstenhagen
Retelitz
Granskevitz
Lehsten
Tribkevitz
Libnitz
Jabelitz
Neuendorf
Schaproder
Charlottendorf
Zubzow
Trent
Ganschvitz
Tribbevitz
Tetzitz
Groß Banzelvitz
Udars
Schaprode
Helle
Rappin
Bodden
Öhe
Streu
02
Zirmoisel
Bubkevitz
Moisselbritz
Udarser
Wiek
Freesen
Venz
Karlsitz
Lüßmitz
Grosow
Silenz
Neu Karstitz
Semper
Lietzow
04
03
Tankow
Koselower See
Presnitz
Schweikvitz
Gnies
Naturbühne
Ralswiek
Augustenhof
Kleiner
Jasmunder
Bodden
Haide
Ummanz
Gagern
Woorke
Patzig
Gellen
Schutzzone I
Teschvitz
Kapelle
Rügen Park
Kluis
Deutsche Alleenstraße
Veikvitz
Jarnitz
Suhrendorf
Waase
Dorfkirche
Gingst
Pansevitz
Lipsitz
Thesenvitz
Volsvitz
Ramitz
Bock
Varbelvitz
Haidhof
Boldevitz
Strüssendorf
Stedar
Pulitz
Kleiner Werder
Freesenort
Wusse
Zingst
Murswiek
Dubkevitz
Parchtitz
Prisvitz
Vierendehl-
Grund
Ummanz
Steinshof
Lieschow
Groß Kubitz
Rügen
Muglitz
Nonnensee
Buschvitz
Barhöft
Gustin
Gademow
Rugard
Zittvitz
Trips
Heuwiese
Unrow
Reischvitz
Ernst-Moritz-Arndt-Turm
Streu
Lübvitz
Neuendorf
Marienkirche
Solkendorf
Moordorf
Platvitz
Bergen auf Rügen
Dumsevitz
Kaiseritz
Klausdorf
Kubitzer
Bußvitz
Dreschvitz
Klein Kubbelkow
Bergen Süd
Karow
Prohner
Wiek
Landow
Groß Kubbelkow
Hohendorf
Liebitz
Ralow
Bodden
Teschenhagen
Tilzow
Silvitz
Dalkvitz
Rugenhof
Dußvitz
Güttin
Neklade
Mohrdorf
Prohner Stausee
Mölln
Dolgemost
Prohn
Stönkvitz
Sehlen
Mölln Medow
Muuks
Donkvitz
Sehrow
Groß Damitz
Negast
Swine
Tegelhof
Posewald
Sommerfeld
Grabitz
Bessin
Rothenkirchen
Natzevitz
Bietegast
Ketelshagen
Putbus
Pastitz
Vilmnitz
Kramerhof
Parow
Breesen
Drammendorf
Samtens
Karnitz
Tangnitz
Güstelitz
Lonvitz
Preetz
Rambin
Lauterbach
Bankevitz
Jarnsenberg
Schmedshagen
Kasselvitz
Poppelvitz
Europäische Route der Backsteingotik
Mulitz
Gross Kniepow
Kasnevitz
Groß Kedingshagen
Tolkmitz
Schlosspark
Schwedenstraße
Sellentin
Fuchsberge
Dumgenevitz
Neuendorf
Knieper Nord
Scharpitz
Götemitz
Berglase
Deutsche Alleenstraße
Wreechen
Wreechensee
Insel Vilm
Stralsund
Altefähr
Kransdorf
Frankenthal
Kanonenberg
Strachtitz
Krakvitz
Rügendamm
Jarkvitz
Neukamp
Tierpark
Rathaus
Ozeaneum
Datzow
Krimvitz
Glowitz
Kordshagen
HanseDom
Grahlhof
Groß Stubben
Garz/Rügen
Altkamp
Nikolaikirche
Nesebanz
E.-M.-Arndt-Museum
Grünhufe
Marienkirche
Mannemuseum
Klein Bandelvitz
Warksow
Poseritz Hof
Zeiten
Wendorf
Viersdorf
Hubbrücke
Gustow
Rosengarten
Pantelitz
Dänholm
Wulfsberg
Renz
Putter See
Drigge
Poseritz
Benz
Luppath
Swantow
Dumsevitz
Langendorf
Prosnitz
Sissow
Schabernack
Rügischer
Bodden
Pütte
Glutzow Hof
Neparmitz
Ruddemin
Geburtshaus von E.-M.-Arndt
Silmenitz
Lüssow
Groß Lüdershagen
Andershof
Venzvitz
Glutzow Siedlung
Mellnitz
Groß Schoritz
Schoritzer Wiek
Voigdehagen
Devin
Neu Lüdershagen
Üselitz
Fossberg
Zudar
Negast
Neuhof
Deviner See
Niederhof
Freudenberg
Zicker
Wendorf
Zitterpenningshagen
Teschenhagen
Glewitzer
Glewitz
Losentitz
Poppelvitz
Middelhagen
Ort
Seemühl
Zarrendorf

Die ungleichen Schwestern

Hiddensee lädt zu Naturgenuss und Spaziergängen auf den Spuren von Künstlern wie Gerhart Hauptmann ein. Beschauliche Dörfer mit trutzigen Kirchen prägen Rügens einsamen Norden. Kap Arkona mit seinem slawischen Burgwall und mehreren Leuchttürmen ist hier der Hauptanziehungspunkt. Die Vergangenheit wird bei den Störtebeker-Festspielen in Ralswiek lebendig.

01 HIDDENSEE

Das Fischerdorf Vitte, größter Ortsteil der Insel Hiddensee (1000 Einw.), dient als Verwaltungszentrum. Der Name leitet sich von „Vitten" ab. So wurden im Mittelalter die Handelsplätze für den Hering bezeichnet.

Sehenswert

Im **Karusel** (um 1920), einem Haus mit abgerundeten Ecken, verbrachte der Stummfilmstar Asta Nielsen (1881–1972) bis 1933 die Sommermonate; Mitte 2014 begann die denkmalgerechte Sanierung des Hauses. Fast 200 Jahre alt ist die Blaue Scheune; in dem Hallenhaus zeigte in den 1920er-Jahren der „Hiddensoer Künstlerinnenbund" seine Werke. Gern fotografiert wird auch die ihrer Flügel beraubte Windmühle.

Tipp

Die Insel der Künstler

Gerhart Hauptmann machte es vor, danach kamen sie alle: Maler, Schriftsteller, Philosophen pilgerten nach Hiddensee. Dichter Joachim Ringelnatz wohnte bei Stummfilmstar Asta Nielsen. Malerin Elisabeth Büchsel überraschte mit „neumodischen Anwandlungen". Der Baumeister Max Taut schuf drei Wohnhäuser, die Architekturfreunde bis heute begeistern. Solche Geschichten erfährt der Besucher auf geführten Spaziergängen und Radtouren der Hiddenseer Kurverwaltung.

www.seebad-hiddensee.de

Aktivitäten

Mangels motorisiertem Untersatz steigen viele Besucher auf Kutschen oder Fahrräder um – Zweiräder werden in Vitte und Kloster vermietet. Inselführungen und Vorträge bietet die Inselinformation Hiddensee an (Tel. 03 83 00 / 64 20), **naturkundliche Führungen** ▶TOPZIEL das Nationalparkhaus (Tel. 03 83 00 / 60 86 84).

Veranstaltungen

Im April findet der Hiddensee-Lauf statt. Im Sommer knüpft die Insel mit vielen Aktionen an ihre Geschichte als Künstlerkolonie an, so in der **Asta-Nielsen-Woche,** der **Palucca-Woche** und bei den **Gerhart-Hauptmann-Festtagen.** Im Sept./Okt. gibt es **Sanddornwochen**.

Umgebung

Im Norden Hiddensees liegt **Kloster,** aus einer 1296 gegründeten Abtei der Zisterzienser entstanden; von der Abtei ist nichts geblieben. Anfang des 20. Jh. bestand Kloster nur aus wenigen Häusern, heute ist es das kulturelle Zentrum der Insel mit Konzerten, Lesungen und Ausstellungen. In der Inselkirche (1332) ist ein Modell eines Zeesenboots zu sehen. Auf dem angrenzenden Friedhof liegen der Dichter Gerhart Hauptmann (1862–1946), die Tänzerin und Tanzpädagogin Gret Palucca (1902–1993) und der Regisseur Walter Felsenstein (1901–1975) begraben. Neben einigen besonders prächtigen Villen auf dem „Professorenhügel" von Kloster ist die Lietzenburg (1904) bemerkenswert, der einstige Künstlertreff des Jugendstilmalers Oskar Kruse (1847–1919). Bekannt ist Kloster heute vor allem wegen des Gerhart-Hauptmann-Hauses, dem ehem. Sommersitz des Literaturnobelpreisträgers von 1912; die Ausstellung informiert über das Werk des Dichters, außerdem können die Wohn- und Arbeitsräume besichtigt werden, 2012 wurde ein neuer Literaturpavillon eingeweiht, 2014 eine neue Dauerausstellung zu den Büchern und Schriftstellern, die mit der Insel verbunden sind (Mai–Okt. Mo.–Sa. 10.00–17.00, So. 13.00–17.00 Uhr, sonst kürzer). Das Heimatmuseum erzählt vom Leben der Inselbewohner und zeigt eine Nachbildung des Hiddenseer Goldschatzes (April–Okt. tgl. 10.00–16.00, sonst Do.–Sa. 11.00 bis 15.00 Uhr). Nördl. Kloster liegt der **Dornbusch,** ein aus Wiesen und Kieferwäldern bestehendes Hügelland. An der Steilküste steht auf dem 72 m hohen Schluckswiekberg der 1888 errichtete Leuchtturm (28 m), das besteigbare Wahrzeichen der Insel (Mai–Okt. tgl. 10.30–16.00 Uhr, sonst auf Anfrage unter Tel. 038300/64 20). Zur Kernzone des Nationalparks gehört die Südspitze des **Neubessin,** Brutgebiet vieler geschützter Vogelarten. Zwischen Vitte und Neuendorf erstreckt sich die **Dünenheide,** ein Naturschutzgebiet, in dem Silbergras, Wacholder,

Unterwegs im Nationalpark

Besenheide und die Krähenbeere wachsen. Ein Naturlehrpfad informiert über das fragile Gleichgewicht der Landschaft. Weit verstreut stehen die schilfgedeckten Häuser des Dorfes **Neuendorf** (um 1700) mit seinem Fischereimuseum (Mai–Okt. Mo.–Sa. 14.00–17.00 Uhr). Ein 8 km langer Sandstrand führt hier vorbei am Orientierungsleuchtfeuer zur Südspitze, dem **Gellen.** Das Feuchtgebiet gehört zur Schutzzone 1 des Nationalparks Vorpommersche Boddenlandschaft und darf nicht betreten werden.

Information

Insel-Information, Achtern Diek 18a , 18565 Vitte, Tel. 03 83 00 /60 86 84, www.seebad-hiddensee.de

02 SCHAPRODE

Schon im 12. Jh. gab es in Schaprode einen Hafen. Heute ist der Ort (470 Einw.) als Fährhafen für die Überfahrt nach Hiddensee bekannt, doch auch der alte Ortskern am Hafen lohnt einen Spaziergang. Neben reetgedeckten Fischerhäusern sticht die Backsteinkirche St. Johannis ins Auge, die drittälteste Kirche auf Rügen (13. Jh.).

Umgebung

Zwischen Schaprode und Trent steht das gut erhaltene Herrenhaus **Granskevitz** (17. und 18. Jh.), Erinnerung an Rügens feudale Vergangenheit. Auf dem Weg zur Halbinsel Wittow liegt das Dorf **Trent** mit der Katharinenkirche (1311), in der die bemalte Renaissance-Kanzel aus dem 17. Jh. auffällt. Einsame Hügellandschaften mit Blicken auf die umliegenden Bodden laden auf der Halbinsel Lebbin und dem Liddower Haken zu Spaziergängen ein. Der hier befindliche hölzerne **Grümbke-Turm** soll komplett neu errichtet werden.

Information

Gemeinde Schaprode, Amt West-Rügen, Dorfplatz 2, 18573 Samtens, Tel. 03 83 06 / 15 90, www.hafen-schaprode.de

Infos

Exquisite Schnäpse

„Viel Sonne, viel Fruchtzucker, viel Aroma" lautet die einfache Regel des Brennmeisters Rainer Hessenius. Dessen Erste Rügener Edeldestille brennt seit 1995 Obst von der Insel zu exquisiten Schnäpsen. Bei 1800 Sonnenstunden im Jahr werden Zwetschgen, Kirschen, Äpfel, Birnen und Johannisbeeren geradezu verwöhnt. Nur sortenreine Früchte kommen in die Produktion. Die Brände tragen das Biosiegel.

Edeldestillerie Rügen,
Lieschow 17,
18569 Ummanz,
Tel. 03 83 05 / 5 53 00,
www.edeldestillerie.de

03 WAASE

Eine Brücke verbindet die Insel Ummanz mit Rügen. Zur Gemeinde (560 Einw.) gehören auch die Halbinsel Lieschow und sieben weitere kleine Eilande. Ummanz ist völlig von Schilf und Deichen umgeben. Im Frühjahr und Herbst nutzen viele Zugvögel die Insel als Rastplatz.

Sehenswert

Hauptattraktion im Dörfchen Waase ist neben den reetgedeckten Fachwerkhäusern die gotische **Marienkirche** mit ihrem Antwerpener Schnitzalter (um 1520). Außerdem wird hier eine Haflingerzucht betrieben.
In Freesenort kann die **Hasenburg** besichtigt werden, eines der ältesten Häuser Rügens (17. Jh.). Der kleine Ort selbst steht unter Denkmalschutz.

Aktivitäten

Ein **Rundwanderweg** führt über Haide, Freesenort, Suhrendorf und Wusse zurück nach Waase. In Tankow kann man auf einer Ausguckstation der Nationalparkverwaltung Kraniche beobachten (besonders Sept./Okt.).

Umgebung

Auf der Halbinsel **Lieschow** kann man in der Ersten Rügener Edeldestillerie beim Schaubrennen zusehen (s. Tipp). Im 800 Jahre alten **Gingst,** einst handwerklicher Mittelpunkt für das westliche Rügen, lohnt ein Besuch der Historischen Handwerkerstuben. Geräte und Werkstätten lassen das Handwerk des 19. Jh. aufleben (Mai–Okt. tgl. 10.00–17.00 Uhr, sonst kürzer). Die Pfarrkirche St. Jacobi (urspr. 14. Jh.) ist Rügens zweitgrößte Kirche, mit einer großen Orgel (1790). Im Gingster **Rügen Park** sind Modelle berühmter Sehenswürdigkeiten zu bewundern. Kinder können sich auf der Superrutsche, der Reitbahn, an Hüpfburgen und anderen Attraktionen austoben (Mühlenstr. 22 b, www.ruegenpark.de; Mitte April–Juni Di.–So. 10.00–18.00, Juli/Aug. tgl. 10.00–19.00, Sept./Okt. bis 17.00 Uhr).

Information

Ummanz-Information, Neue Straße 63 a, 18569 Waase, Tel. 03 83 05 / 5 34 81, www.ummanz.de

04 RALSWIEK

Der beschauliche Ort (230 Einw.) am Großen Jasmunder Bodden verdankt seinen heutigen Ruf den Störtebeker-Festspielen (s. Tipp). Hier lag einst ein bedeutender Handelsplatz der slawischen Ranen. Archäologen fanden die Reste slawischer Eichenboote aus dem 9. Jh. und arabische Silbermünzen aus dem Frühmittelalter. Das Dorf gilt als älteste Siedlung Rügens.

Sehenswert

Das Neorenaissance-**Schloss Ralswiek** (1893) beherbergt heute ein Luxushotel; seltene alte Bäume stehen im angrenzenden, bis 1830 angelegten Landschaftspark. Am Ortsrand steht eine kleine hölzerne **Kapelle** im schwedischen Stil (1907). Jeden Sommer findet während der Spieltage der Festspiele tgl. um 11.00 und 18.00 Uhr auf der Naturbühne eine Flugschau mit Greifvögeln statt.

Umgebung

Das Schlösschen von **Lietzow** (1868; nordöstl.; Privatbesitz) wurde nach dem Vorbild von Schloss Lichtenstein in Baden-Württemberg gebaut. In Lietzow steht auch die älteste Räucherei auf Rügen. Bei Ausgrabungen fand man Feuersteine aus der Zeit von 4000 bis 3000 v. Chr. und andere steinzeitliche Gegenstände.

Information

Gemeinde Ralswiek, Amt Bergen auf Rügen, Markt 23, 18528 Bergen, Tel. 0 38 38 / 8 28 61 86

05 ALTENKIRCHEN

Der Ort (980 Einw.) ist der wirtschaftliche Mittelpunkt der Halbinsel Wittow. Vor seiner Gründung im 12. Jh. siedelten hier zunächst germanische Rugier und später Slawen.

Sehenswert

Die **Dorfkirche,** zweitälteste Rügens, wurde um 1200 erbaut. Der sogenannte Svantevit-Stein, ein Grabstein, zeigt vermutlich den slawischen Gott Svantevit bzw. einen Svantevit-Priester. Auf einigen Fresken kann man heidnische Tierfiguren erkennen.

Umgebung

Im beschaulichen **Breege** (südl.) stehen noch alte Fischer- und Kapitänshäuser. Der Badeort **Juliusruh** besitzt einen breiten Sandstrand sowie einen Kurpark mit Lindenallee, Seen und Wassergräben. Am Strand entlang kann man bis nach Vitt und dann an der Steilküste bis zum Kap Arkona wandern. Im Nordwesten von Wittow liegt **Dranske** (1200 Einw.), ein ehem. Armeestützpunkt. Südl. des Ortes beginnt der

Störtebeker auf Rügen

Klaus Störtebeker wurde in Hamburg geboren, sagen die Hamburger. Der Seeräuber stammte aus Wismar, behaupten die Wismarer. Nein, er kam von Rügen, sind die Insulaner überzeugt. Fest steht, dass Störtebeker und seine „Vitalienbrüder", die im 14. Jh. Nord- und Ostsee in Angst und Schrecken versetzten, auf Rügen Unterschlupf fanden. In Ralswiek wird Störtebeker heute noch jedes Jahr gesehen: Fechtkämpfe und Liebesszenen ziehen im Sommer die Besucher der Störtebeker-Festspiele am Großen Jasmunder Bodden in ihren Bann.

Störtebeker Festspiele Gesellschaft,
Am Bodden 100, 18528 Ralswiek,
Tel. 0 38 38 / 3 11 00, www.stoertebeker.de

Bug, eine Landzunge, die zur Kernzone des Nationalparks Vorpommersche Boddenlandschaft gehört. Hier kann man sich von April bis Okt. dreimal pro Woche einer geführten Wanderung anschließen (Tel. 03 83 91 / 8 90 07). Fähren nach Hiddensee und Ausflugsschiffe starten in **Wiek.** Die große spätgot. Kirche St. Georg (15. Jh.) erinnert an den Reichtum der Wieker Schiffsbauer. Auf dem **Kap Arkona** hatten die Slawen ihr religiöses und politisches Zentrum. 1168 wurde die Jaromarsburg von den Dänen erobert. Bis zum Bau des ersten Leuchtturms (1827) nach Plänen von Karl Friedrich Schinkel war die See vor der Steilküste am Kap Arkona wegen ihrer Untiefen unter Seefahrern berüchtigt. Heute kann man sich hier über die Geschichte der beleuchteten Seezeichen informieren. Im Mittelpunkt einer zweiten Ausstellung stehen die Deutsche Gesellschaft zur Rettung Schiffbrüchiger und Techniken der Seenotrettung. Von der Aussichtsplattform blickt man bei gutem Wetter bis zum Großen Jasmunder Bodden und zur Stubbenkammer (April/Mai/Okt tgl. 10.00–16.00, Juni/Sept. bis 17.00, Juli/Aug. bis 18.00 Uhr). Der neue Leuchtturm (1902) ist unverändert in Betrieb; seine Leuchtsignale aus 35 m Höhe reichen rund 40 km weit (Juli/Aug. tgl. 11.00–18.00 Uhr, sonst kürzer). Ein Infobüro und ein Souvenir- und Keramikladen sind im ehem. Leuchtturmwärterhaus untergebracht. Östl. der Leuchttürme steht ein ehem. Marinepeilturm, der heute als Ausstellungsraum dient. Dahinter lassen sich die Reste der slawischen **Jaromarsburg** begehen; von der Festung ist nur noch ein 13 m hoher Wall erhalten. In **Putgarten** liegt der Rügenhof mit einer Vielzahl touristischer Angebote – Ferienwohnungen, Galerien, Laden mit inseltypischen Produkten und verschiedene handwerkliche Werkstätten (www. kap-arkona.de). Unter Denkmalschutz stehen die reetgedeckten Häuser und der kleine Hafen von **Vitt.** Hier wird der Fisch noch in sogenannten Tonnenöfen geräuchert. Sehenswert ist auch die Kosegarten-Kapelle, eine weiß getünchte achteckige Kirche.

Veranstaltung

Im Aug. **Kultursommer am Kap Arkona** mit Musik und Theater.

Information

Informationsamt Breege–Juliusruh, Wittower Str. 5, 18556 Juliusruh, Tel. 038391/311, www.breege.de
Fremdenverkehrsamt Dranske, Karl-Liebknecht-Straße 41, 18556 Dranske, Tel. 03 83 91 / 8 90 07, www.gemeinde-dranske.de;
Tourismusgesellschaft Kap Arkona, Am Parkplatz 1, 18556 Putgarten, Tel. 03 83 91 / 41 90, www.kap-arkona.de

DuMont Aktiv

Surfen zwischen Rügen und Hiddensee

Die Strände, Inseln und Halbinseln rund um Rügen haben unter Wind- und Kitesurfern einen guten Ruf. Neben dem Mönchgut im Südosten bietet auch der Nordwesten etliche Reviere und eine gute Infrastruktur.

Mitten im Nationalpark Vorpommersche Boddenlandschaft liegt auf der Insel Ummanz der Ort Suhrendorf, unter Surfern als größtes Stehrevier Deutschlands bekannt. Hier kann man auf mehreren Kilometern Länge bis zu 500 Meter vom Ufer entfernt stehen – ideal für Surfanfänger. Besonders günstig sind die Bedingungen im Frühsommer und Herbst, wenn der Wind aus westlicher Richtung über die Ostsee bläst. Als Startpunkt eignet sich der Campingplatz des Ostseecamps Suhrendorf, wo eine Surfschule diverse Kurse veranstaltet.

Rügen hat bei Kitesurfern einen guten Ruf.

FÜR ANFÄNGER UND MUTIGE

Bei Ostwind ist man dagegen im Flachwasserrevier von Dranske richtig. Eine Surfschule bietet Kurse und Ausrüstung für Wind- und Kitesurfer. Auf der Insel Hiddensee finden Surfer einen ähnlichen Service, jedoch nur bei Westwind gute Surfbedingungen. In Schaprode – Rügens Fährort nach Hiddensee, ebenfalls mit großem Stehbereich – treffen sich zunehmend Kitesurfer zu ihren waghalsigen Sprüngen. Mutige surfen übers Meer zur Nachbarinsel. Falls der Wind später nachlässt, kommen sie mit der Fähre zurück.

WEITERE INFORMATIONEN

Tipps für Rügens beste Surfreviere findet man unter: *www.surfspot.de*

In vielen Orten gibt es Schulen und Shops für Wind- und Kitesurfer:

- *Windsurfing Rügen in Suhrendorf, April–Okt.; www.windsurfing-ruegen.de*
- *Surf & Segel Hiddensee, Mai–Okt. www.surfundsegelhiddensee.de*
- *UST, Dranske; www.ustruegen.de*

Königliche Kreide

Seit Mitte des 18. Jahrhunderts strömen Rügenbesucher zu den Kreidefelsen der Halbinsel Jasmund. Fast ebenso bekannt ist das Seebad Binz als Paradebeispiel prächtiger Bäderarchitektur. Während es Geschichtsinteressierte zu den momumentalen Ruinen des Nazi-Seebads Prora zieht, lassen sich Dampflokfans vom Rasenden Roland durch die Wälder der Granitz ins Mönchgut schaukeln.

Rügens berühmteste Sehenswürdigkeit ist der Kreidefelsen Königsstuhl.

Drei Wanderkilometer vom Königsstuhl gelegen, hat Lohme eine lange Fremdenverkehrstradition; auch gefischt wird hier immer noch. An mehreren Stellen kann man vom Wanderweg zum Strand hinabsteigen, der unterhalb der Kreide aus skandinavischem Granit besteht (im Uhrzeigersinn).

Das ist ja Capri, das ist ja Sorrent!", ruft Effi Briest in Theodor Fontanes berühmtem Roman, als sie an Rügens Nordküste über das Meer blickt. Und auch der sonst eher als nüchterner Denker bekannte Wilhelm von Humboldt schrieb 1796 nach einer Wanderung an den Kreidefelsen: „Es ist nicht möglich, einen einfacheren und erhabeneren Anblick zu finden." Caspar David Friedrich, berühmtester Vertreter der deutschen Romantik, verewigte einen Ausschnitt aus dieser Landschaft in seinem Gemälde „Kreidefelsen auf Rügen". Seitdem rätseln nicht nur Touristen, sondern auch die Fachwelt, an welchem Standort das Meisterwerk entstanden sein könnte. Vermutlich vermischte der Maler Impressionen, die er an verschiedenen Orten in seinen Skizzenbüchern festgehalten hatte.

AM KÖNIGSSTUHL

Mit der Beschaulichkeit jener Zeiten ist es jedoch vorbei: Die Kreidefelsen rund um den 118 Meter hohen Königsstuhl zählen zu den meistbesuchten Sehenswürdigkeiten der Insel. Mehrere Aussichtspunkte eröffnen dramatische Blicke auf die weißen Klippen, durch die sich graue Bänder aus Feuersteinen ziehen. In der Tiefe schillert das Meer von türkis über smaragdgrün bis dunkelblau.

Auf Exkursionen erzählen Ranger, dass es im Park weitaus mehr als die Kreidefelsen zu entdecken gibt: Moore und Seen etwa, von zahlreichen Legenden umwoben, oder den charakteristischen Hallenwald, dessen mehr als 200 Jahre alte Buchen ein fast undurchdringliches Kronendach bilden. Dazwischen liegen umgestürzte, von Pilzen bedeckte Stämme, die langsam zu Humus zerfallen. „Aufmerksame Spaziergänger entdecken auch Orchideen. Wir haben insgesamt vierundzwanzig Arten gezählt", erklärt die Umweltpädagogin des Nationalparkzentrums Königsstuhl. Die Parkführerin mag den Wald im Frühjahr besonders gern: „Die Buchen

Im 19. Jahrhundert war Sassnitz der erste Badeort auf Rügen – vieles erinnert noch heute daran.

Der Hafen ist eine beliebte Bummelmeile, auch wenn deren Charme etwas spröde ist.

Zu DDR-Zeiten war Sassnitz der bedeutendste Fischereihafen des Landes.

Shantychor-Seebären beim Hafenfest tragen zur maritimen Atmosphäre bei.

„Ach, Geert, das ist ja Capri, das ist ja Sorrent. Ja, hier bleiben wir.“

Theodor Fontane, „Effi Briest“

sehen dann mit ihrem frischen Grün so aus, dass man reinbeißen könnte.“

Nicht nur an der Küste, auch tief unter den Buchenwäldern erstreckt sich eine geologische Formation, die vor über 65 Millionen Jahren entstand: Sedimente aus Algen, Plankton und kleinen Schalentieren bildeten hier inmitten eines Meeres das weiße Kalkgestein der Schreibkreide. Nach der Wende entdeckte man die Kreide auch wieder als Naturheilmittel. Schon vor hundert Jahren hatten Kreidepackungen bei Gelenkentzündungen und Hautkrankheiten Anwendung gefunden: Wellness boomt in Sellin, Göhren und Baabe.

BINZ IM WANDEL

Binz gilt als beliebtestes und schönstes der historischen Seebäder. 1876 entstand hier der erste Gasthof im Dorf fernab der Küste. Dem Meer war schließlich nicht zu trauen – selbst die Fischer lebten damals im Inselinnern. Doch mit der Gründung der AG Ostseebad Binz 1888 setzte ein Bauboom in Strandnähe ein – Touristen wie Einheimische gaben sich gleichermaßen der Badekultur hin. „Als ich klein war, durften wir einmal in der Woche ins Warmbad gehen“, erzählt Klaus Boy. „Fünfzig Pfennige kostete das damals für fünfundvierzig Minuten.“ Der alteingesessene Binzer forscht in Archiven über die Geschichte des Bäderwesens und gibt sein Wissen auf geführten Ortstouren weiter. Zu jeder Villa, zu jedem historischen Logierhaus kennt er eine Anekdote. „1990 sah es in ganz Binz noch gruselig aus“, sagt Boy. Doch nach der Wende brach Goldgräberstimmung aus, Spekulanten und Immobilienhaie gaben sich die Klinke in die Hand. Heute lassen sich sanierungsbedürftige Bauten an einer Hand abzählen. Der berühmt-berüchtigte „Charme bröckelnder Fassaden“ ist hier nicht mehr zu erleben – die Häuser wetteifern wie vor hundert Jahren im charakteristischen Mischmasch der Baustile: Neobarock und Jugendstil, Neogotik, Klassizismus, Tudor und Blockhausstil.

Die Mieter der historischen Häuser wurden nach der Wende in Plattenbauten umgesiedelt – für manche von ihnen die zweite Vertreibung, hatten sie ihre Wohnungen doch nach dem Krieg auf der Flucht aus Ostpreußen oder Schlesien bezogen. Und mit der Vermietung von Zimmern ließ sich zu DDR-Zeiten gut leben, da die Nachfrage trotz der Errichtung gewaltiger Ferienkomplexe immer höher war als das Angebot. „Damals war es gut, wenn Urlauber etwas anzubieten hatten“, erklärt Boy. „Privatvermieter tauschten zum Beispiel

Das 1908 eröffnete Kurhaus Binz ist heute Luxushotel.

Die Binzer Bäderbauten vereinen unterschiedlichste architektonische Vorbilder.

Blick in die Kuppelsuite des Design-Hotels Ceres

eine Unterkunft gegen einen neuen Auspuff für ihren Trabi." Es war auch nicht ungewöhnlich, dass Urlauber ihrer betagten Wirtin aus Gefälligkeit während der Ferien das Wohnzimmer neu strichen. Immerhin tauschte man dafür eine Unterkunft ein, die viel persönlicher war als beim FDGB. „Der Urlaub im Ferienheim war zwar sehr günstig – zeitweise fünfundsiebzig Mark pro Person für vierzehn Tage Vollpension –, aber im Schnitt bekam man einen ‚Ferienscheck' seines Betriebes nur alle zwölf Jahre", sagt Boy. Der Gästeservice war knapp kalkuliert: „Gegessen wurde in Schichten zu fünfundvierzig Minuten. Da konnte es passieren, dass einem beim Dessert schon der nächste Sitzplatzanwärter auf die Schulter klopfte."

ZAUBER VERBRANNTER KOHLE

Die einstige Massenabfertigung in Binz ist jedoch nichts im Vergleich zu den gigantomanischen Plänen, die Mitte der 1930er-Jahre im benachbarten Prora verfolgt wurden. Ein „Seebad der Zwanzigtausend" sollte hier entstehen, ein nationalsozialistisches Ferienparadies, per Bahn erreichbar. Man baute daher 1937 eine Verbindung von Lietzow über Prora nach Binz. Heute gibt es jedoch nur noch eine einzige Bahnstrecke auf Rügen. Der schmalspurige „Rasende Roland" schaukelt mit einer Höchstge-

Schloss Spyker bei Glowe gehörte einst dem schwedischen Feldmarschall Carl Gustav Wrangel – die Farbe erinnert daran.

Tief im Wald der Stubnitz, an der Ostküste der Halbinsel Jasmund, liegt der fast kreisförmige Herthasee versteckt.

Das Jagdschloss Granitz ist das meistbesuchte Schloss Mecklenburg-Vorpommerns. Vom Turm geht der Blick über die Boddenlandschaft.

schwindigkeit von dreißig Stundenkilometern zwischen Putbus und Göhren hin und her.

„Zu DDR-Zeiten war der Roland ein wichtiges Verkehrsmittel und immer hoffnungslos überfüllt", erinnert sich der Lokführer. Nach der Wende ging es zunächst turbulent zu: Einbruch der Gästezahlen, mehrere Betreiberwechsel, zwischenzeitlich auch Kündigung der Mitarbeiter. Auf der Lok dagegen blieb alles beim Alten, die gleichen Handgriffe wie im Jahr 1895, als der erste Abschnitt des Rolands fertiggestellt wurde. Eisenbahnfans aus ganz Deutschland

An Bahnübergängen betätigt der Lokführer die Dampfpfeife und bringt damit den Straßenverkehr zum Stillstand.

können regelmäßig dabei sein – Führerstandsfahrten gehören zu den buchbaren Angeboten des Rasenden Rolands. Neugierig steht man dann zwischen dem Maschinisten und dem Heizer eingequetscht, die das Stahlungetüm steuern, muss zur Seite hüpfen, wenn nachgeschippt wird, oder kann den Kopf aus dem Fenster in den Fahrtwind halten, wenn es drinnen zu heiß wird. Alle paar Minuten reißt der Heizer die Klappe zum Ofen auf, Gluthitze erfüllt für Sekunden den Führerstand, während mehrere Schaufeln Kohle ins Feuer wandern. An Bahnübergängen betätigt der Lokführer die Dampfpfeife und bringt damit den Straßenverkehr zum Stillstand.

„Kundschaft!", ruft der Lokführer plötzlich: Eine Dame mit Dackel wartet am Bahnhof Garftitz als einziger Fahrgast. Mit kreischenden Bremsen hält der Zug. Schnaufend geht es weiter durch die Wälder der Granitz – der steilste Abschnitt der Strecke. Kühe flüchten verschreckt, und aus den Gärten winken Menschen beim Sonnenbad. Nach einer guten Stunde heißt es

Die Rekonstruktion der 1941 zerstörten Seebrücke
war den Sellinern 1998 rund 21 Millionen Mark wert.

Paradebeispiel eines historischen Reetdachhauses: Pfarrwitwenhaus in Groß Zicker

Der kilometerlange Sandstrand an der Prorer Wiek fordert zu ausgiebigen Spaziergängen auf.

Special REETDÄCHER

Die schönsten gibt es im Mönchgut

Reet oder Rohr ist ein norddeutscher Begriff, andernorts spricht man von Ried. Gemeint ist überall dasselbe: Schilfrohr, eines der ältesten Bedachungsmaterialien.

Reet ist in. Überall auf Rügen sieht man Handwerker, die Schilfrohrbündel auf Dächer hieven. Sie schichten das Naturmaterial dreifach übereinander und verbinden es mit den Dachsparren. „An diesem Prinzip hat sich seit Jahrhunderten nicht viel geändert", so Dachdeckermeister Herbert Dobelstein. Man vermutet, dass es schon im 13. Jahrhundert Rohrdächer auf der Insel gab. Besonders viele historische Bauten mit Reetdach sind im Mönchgut erhalten geblieben, etwa das Pfarrwitwenhaus in Groß Zicker mit seiner auffälligen Zuckerhutform. Der Rohstoff wächst überall am Bodden in Hülle und Fülle.

Einst wurde das Schilf mit Sense und Sichel geerntet, später mit dem Traktor. Heute gibt es moderne Maschinen, die das Rohr gleich bündeln. Ein wahrer Boom setzte nach der Wende ein: Hausbesitzer und Häuslebauer setzten auf das naturnahe Material. „Das kommt inzwischen überwiegend aus Polen, Rumänien oder der Türkei", weiß Dobelstein. Denn die Rohrflächen auf Rügen stehen mittleweile zu großen Teilen unter Naturschutz. Und so kann man heute beides genießen: ein Schilfmeer an Bodden und Seen sowie Dächer, die in der Abendsonne golden leuchten.

Mit Reet decken, eine Wissenschaft für sich

in Göhren „Endstation". So mancher Bahnfan bleibt gleich für die Rückfahrt sitzen – für ihn ist der Weg das Ziel, und die verbrannte Kohle duftet besser als die Meeresluft im Mönchgut.

HÜHNERGOTT UND DONNERKEIL

Lange vor Rolands Zeiten erzeugten die Menschen mithilfe von Feuersteinen wärmende Glut. Die meist in Kreideablagerungen eingebetteten Gesteinsknollen zeichnen sich durch ihre Härte aus, die bei gespaltenen Steinen zu scharfen Kanten führt. Deshalb waren sie in der Steinzeit außer als „Feuerzeug" auch als Bestandteil anderer Werkzeuge sowie für Waffen begehrt.

Strandspaziergänger auf Rügen finden immer wieder sogenannte Hühnergötter und Donnerkeile. Hühnergötter – Feuersteine mit einem Loch in der Mitte – veranlassten Hühner angeblich dazu, mehr Eier zu legen; daher der Name. Donnerkeile haben die Form kleiner Eiszapfen. Der Germanengott Donar soll sie bei Gewittern um sich geworfen haben; nach Blitz und Donner seien sie daher besonders leicht zu finden. Und sie gelten als Glücksbringer. Deshalb werden Hühnergötter und Donnerkeile auf Rügen und Hiddensee in vielen Andenkenläden angeboten – als schlichter Handschmeichler oder zu Schmuck verarbeitet.

Vom Nazibad zum neuen Ferienort

Das größte Seebad der Welt sollte es werden – als Paradebeispiel für den Größenwahn der Nationalsozialisten ging das Bauprojekt in die Geschichte ein. Geblieben sind gigantische Ruinen, über deren Nutzung viel diskutiert wurde. Inzwischen residiert hier die größte Jugendherberge Deutschlands, hunderte Eigentumswohnungen sind im Bau.

So sehen Urlaubsträume aus: Sanft plätschern die Ostseewellen, eine leichte Brise streicht über den schier endlosen Sandstrand an der Prorer Wiek. Doch sobald man den Strand verlässt, bietet sich ein anderes Bild: wuchtige Bauruinen, geborstene Scheiben, überwucherte Betonplatten. Direkt daneben drehen sich Baukräne und Betonmischer – Zeichen des Aufbruchs an einem geschichtsträchtigen Ort.

SEEBAD DER ZWANZIGTAUSEND

Der Traum vom Ferienparadies schlug sich Mitte der 1930er-Jahre in gigantischen Plänen nieder. Ein „Seebad der Zwanzigtausend" sollte hier entstehen, umgesetzt von der nationalsozialistischen „Kraft-durch-Freude"-Organisation. Der Urlaub als Mittel, um die arbeitende Bevölkerung gleichzuschalten und auf größere Aufgaben vorzubereiten. „Ein nervenstarkes Volk" wollte Hitler, „denn nur allein mit einem Volk, das seine Nerven behält, kann man wahrhaft große Politik machen."

Und groß wurde Prora tatsächlich, obwohl man die Bauarbeiten mit Kriegsbeginn 1939 einstellte. Acht Bettenhäuser von jeweils 500 Meter Länge ziehen sich am weißen Strand entlang, von quer stehenden Gebäuderiegeln unterbrochen. Dazwischen demonstriert die säulengestützte Empfangshalle Macht. Sie sollte noch übertroffen wer-

Die Gigantomanie des Nationalsozialismus: Über 4,5 Kilometer erstreckt sich die Ferienanlage an der Prorer Wiek.

Die meisten der acht riesigen Bettenhäuser stehen noch; zwei davon hat die Sowjetarmee vergeblich zu sprengen versucht.

den durch eine Festhalle für alle 20 000 Gäste, die jedoch nicht mehr gebaut wurde. Heute wuchert vor der Empfangshalle das Gras, Birken brechen mit ihren Wurzeln den Beton auf. Zwei der acht Blöcke sind Ruinen, seit die Sowjetarmee vergeblich versucht hat, sie zu sprengen. Badegäste strömen durch den Koloss an den Traumstrand. Radler strampeln über die brüchige Betonpiste und staunen über die Dimensionen der vorbeiziehenden Gebäude – über 4,5 Kilometer erstreckt sich die Anlage, mehr als 11 000 Zimmer hinter den blinden Scheiben.

Zu DDR-Zeiten fanden hier noch bis zu 15 000 Soldaten Platz, und auch die Bundeswehr suchte kurzzeitig nach einer sinnvollen Verwendung. Danach wurde Prora zum Objekt widerstreitender Interessen. Die Bundesregierung begann die Bauten blockweise zu verkaufen. Engagierte Bürger äußerten die Sorge, dass Spekulanten oder Rechtsradikale Zugriff auf Teile des Geländes bekommen könnten. Kritik wurde laut, weil für ein historisch so sensibles Objekt keine Gesamtstrategie verfolgt wurde.

BUNTE KULTURLANDSCHAFT

Die Pläne der Investoren lassen sich unter den Themen Jugend, Kultur und Wohnen zusammenfassen. Ein Zeltplatz wurde eröffnet, dazu ein großer Kletterwald. Im Jahr 2011 öffnete in einem der Blocks die „längste Jugendherberge der Welt" – mit 400 Betten die größte in Mecklenburg-Vorpommern. Seit kurzem sind Teile des Geländes abgesperrt, Baufahrzeuge brettern über die alten Plattenwege, Fensterlöcher klaffen in der Fassade. Mehrere Firmen investieren hier Millionen in den Bau eines Apartment-Hotels und luxuriöser Eigentumswohnungen. Sie werben mit „Karibik-Feeling" und lukrativen Abschreibungsmodellen um Käufer – auf der Wohnungsliste dominiert tatsächlich das Wort „verkauft". Das Projekt wird Prora nachhaltig verändern.

Bestand hat nach wie vor noch eine bunte Museumslandschaft vom NVA- bis zum DDR-Motorrad-Museum. Ihre Zukunft ist jedoch offen – die Investoren lassen sich nur ungern in die Karten sehen.

WO PRORA LEBT

Ausstellungen zu den Hintergründen Proras sind im Dokumentationszentrum zu sehen. Die wissenschaftlich betreute Institution veranstaltet auch Führungen (tgl. 11.45 und 14.30 Uhr)
www.dokumentationszentrum-prora.de

In Block 3 haben sich unter dem Namen KulturKunststatt Prora zahlreiche Museen und Galerien angesiedelt, darunter ein Rügen-, NVA- und Motorrad-Museum sowie ein Wiener Kaffeehaus.
www.kulturkunststatt.de

Im Wald dahinter liegt der Seilgarten Prora mit diversen Parcours und Seilbahnen.
www.seilgarten-prora.de

Maßstab 1:190.000
0
2
4km
01
02
03
04
05
06
07
Rügen
Jasmund
Großer
Jasmunder
Bodden
Kleiner
Jasmunder
Bodden
Schmale
Heide
Prorer
Wiek
Schwedenstraße
Glowe
Lohme
Große
Stubbenkammer
Königsstuhl
Kleine Stubbenkammer
Victoria-Sicht
Nationalpark
Jasmund
Stubnitz
E.-M.-Arndt-Sicht
Sagard
SASSNITZ
Trelleborg (Autofähre und Eisenbahnfähre mit Autotransport)
Rønne (Bornholm)
Baltijsk (Auto- und Eisenbahnfähre)
Klaipėda (Autofähre und Eisenbahnfähre mit Autotransport)
Fährhafen Sassnitz
NEU MUKRAN
DUBNITZ
Lietzow
Ralswiek
Gingst
Trent
Breetzer
Bodden
Breeger
Bodden
Lebbin
Neuenkirchen
Tetzitzer
See
Deutsche Alleenstraße
Rappin
Patzig
Thesenvitz
Parchtitz
Kluis
BERGEN
auf Rügen
Rugard
Ernst-Moritz-Arndt-Turm
Marienkirche
BERGEN SÜD
Prora
Eisenbahn-u. Technik-Museum Rügen
Binz
Kurhaus
Granitz
Jagdschloss Granitz
Sellin
NEMO-die Wasserwelt
Baabe
Göhren
Nordperd
Selliner See
Lancken-Granitz
Zirkow
Schmachter See
Samtens
Europäische Route der Backsteingotik
PUTBUS
Lauterbach
Biosphärenreservat
Neuendorf
Insel Vilm
Vilm
Middelhagen
Having
Hagensche Wiek
Mönchgut
Gager
Thiessow
Südperd
Klein Zicker
Zickersche B.
Südost-Rügen
Thiessower Haken
Garz/Rügen
E.-M.-Arndt Museum
Poseritz
Geburtshaus von E.-M.-Arndt
Schoritzer Wiek
Zudar
Glewitzer Fähre
Palmer Ort
Rügischer Bodden
Svantegard
Groß-stubber
Greifswalder Bodden
Mittelgrund
Reinberg
Insel Riems
Riems
Koos
Insel Koos
Kirchdorf
Mesekenhagen
Ruden
Freesendorfer Haken
Naturschutzgebiet
Peenemünder Haken
Greifswalder Oie
Struck
Spandowerhagener Wiek
Freesendorfer See
Lubmin
Kölpinsee
Historisch-technisches Museum
Peenemünde

Ein Ziel für Romantiker

Der Nationalpark Jasmund mit dem berühmten Königsstuhl lädt zum Wandern und in seine Erlebnisausstellung ein. Bäderarchitektur lässt sich an der ganzen Ostküste von Sassnitz über Binz bis Göhren bewundern. Spektakulär ist das neue Naturerbe-Zentrum mit Baumkronenpfad.

01 SAGARD

Sagard (2400 Einw.) gilt als Ort mit der ältesten Badeanstalt der Insel. Ab Ende des 18. Jh. zog eine heilkräftige Quelle Besucher an. Daran erinnert nur noch der Kurpark Brunnenaue. Sehenswert ist die Backsteinkirche **St. Michael** (um 1210) mit ihrer imposanten Barockorgel.

Umgebung

Südl. liegt **Dobberworth,** das größte bronzezeitliche Hügelgrab in Norddeutschland. Nördl. steht in **Bobbin** die älteste Feldsteinkirche Rügens, St. Paul (um 1400), mit sehenswertem Taufstein (um 1300) und barockem Altar (1668). Im Kreidemuseum von **Gummanz** erfährt man alles über das „weiße Gold" (Gummanz 3 a, www.kreidemuseum.de; Ostern–Okt. tgl. 10.00 bis 17.00, sonst Di.–So. 10.00–16.00 Uhr). Ein feiner weißer Sandstrand zieht sich von **Glowe** (nordwestl.) die Küste entlang. Das nahe Renaissanceschloss **Spyker** (urspr. 14. Jh., heute Hotel) gehörte einst dem schwedischen Generalgouverneur von Pommern, Carl Gustav Wrangel; daher das Schwedenrot der Fassade.

Information

Gemeinde Sagard, Amt Nord-Rügen, Ernst-Thälmann-Straße 37, 18551 Sagard, Tel. 03 83 02 / 80 00, www.sagard-ruegen.de

02 SASSNITZ

Der zweitgrößte Ort Rügens (9500 Einw.) entwickelte sich ab 1824 zum ersten Seebad der Insel mit vielen Villen und Pensionen im Stil der Bäderarchitektur. 1897 verließ der erste Postdampfer nach Schweden den Hafen – Beginn der Fährtradition. 1945 hatte Sassnitz unter alliierten Bomberangriffen zu leiden. Die nach dem Krieg erlangte Bedeutung als Fischereihafen ging nach dem Ende der DDR stark zurück.

Sehenswert/Museen

Die **Strandpromenade** führt an der **Seebrücke** vorbei in den alten **Ortskern.** Im Stadthafen findet man viele Fischrestaurants und Museen. Einen schönen Blick über den Hafen hat man vom Rügenhotel aus. Mit Sassnitz' Vergangenheit als Fischerdorf befasst sich das **Fischerei- und Hafenmuseum** (Stadthafen, www.hafenmuseum.de; April–Okt. tgl. 10.00–18.00, sonst tgl. bis 17.30 Uhr). Originalfunde aus der Ostsee zeigt das **Museum für Unterwasserarchäologie** (Alter Fährhafen; Mitte April–Mitte Okt. tgl. 10.00–18.00, sonst 13.00–17.00 Uhr). Das brit. U-Boot „Otus" (1963) kann man im **U-Boot-Museum** erkunden (Stadthafen, www.bhms-otus.com; April–Okt. tgl. 10.00–18.00, sonst bis 16.00 Uhr). Über 150 Arten schwirren in der Halle des **Schmetterlingsparks** umher (Straße der Jugend 6, www.alaris-schmetterlingspark.de; April bis Sept. tgl. 9.30–17.30, Okt. 10.00–16.30 Uhr).

Aktivitäten

Im Hafen starten **Ausflugsschiffe** zu den Kreidefelsen und zu Inselumrundungen. **Wanderwege** führen durch die Wälder der Stubnitz – am beliebtesten ist der Hochuferweg (s. Tipp).

Umgebung

Oberhalb von Sassnitz liegen die **Kreidebrüche** der Crampasser Berge. In **Neu-Mukran** (südl.) befindet sich der neue Fährhafen. Mukrans größte Attraktion sind die Feuersteinfelder (südwestl.), 2 km lange Gesteinswälle. Der **Nationalpark Jasmund** ▶TOPZIEL umfasst nicht nur die berühmte Steilküste, sondern auch das bis ins 19. Jh. als Jagdrevier genutzte Waldgebiet der Stubnitz, Wiesen, Moore und Trockenrasen. Im nördl. Teil des Nationalparks liegen die Kreidefelsen: **Große** und **Kleine Stubbenkammer** sowie der 118 m über dem Strand aufragende **Königsstuhl**. Einen schönen Blick darauf hat man vom Meer und von der Victoria-Sicht. Spektakulär auch der Blick von der Ernst-Moritz-Arndt-Sicht bei den **Wissower Klinken.** Westl. des Königsstuhls liegt der **Herthasee,** in dessen Nähe Reste eines slawischen Burgwalls erhalten sind. **Nationalpark-Zentrum Königsstuhl:** s. Tipp auf S. 72. Nördl. des Nationalparks liegt **Lohme,** ein ehem. Fischerdorf, das schon Mitte des 19. Jh. Feriengäste anzog. Eine lange Treppe und ein Lastenaufzug führen zum Kiesstrand hinunter, wo der Schwanenstein liegt, ein 4 m hoher Findling.

Information

Tourist-Service, Strandpromenade 12, 18546 Sassnitz, Tel. 03 83 92 / 64 90, www.insassnitz.de
Nationalparkamt Jasmund, Stubbenkammer 2 a, 18546 Sassnitz, Tel. 03 83 92 / 3 50 11 22, www.nationalpark-jasmund.de

Tipp

Am Rand des Abgrunds

Das Meer schimmert smaragdgrün, ein Adler zieht seine Kreise. Da öffnet sich der Blick auf weiße Felsen – die Kreideküste Rügens. Der Hochuferweg zwischen Sassnitz und dem Königsstuhl führt an der Abbruchkante entlang zu den schönsten Aussichtspunkten im Jasmund-Nationalpark. Die Tour beginnt am Parkplatz im Nordosten von Sassnitz (Weddingstraße) und führt durch die Piratenschlucht, vorbei an den inzwischen abgebrochenen Wissower Klinken, Ernst-Moritz-Arndt-Sicht und Victoria-Sicht, zum Königsstuhl (12 km). Dazwischen ist über 400 Stufen ein Abstecher zum Strand möglich. Ausdauernde wandern weiter bis Lohme.

03 PRORA

Für die Besichtigung der 4,5 km langen, ehemals nationalsozialistischen Ferienanlage braucht man etwas Ausdauer (Führungen tgl. 11.45 und 14.30 Uhr ab Dokumentationszentrum). Der Sandstrand an der Prorer Wiek gilt als einer schönsten Rügens.

Museen

Das **Dokumentationszentrum Prora** informiert detailliert über Planung, Bau und sozialhistorische Hintergründe (Objektstraße 1, www.proradok.de; Juni–Aug. tgl. 9.30–19.00, März–Mai, Sept./Okt. 10.00–18.00, sonst 11.00–16.00 Uhr). In Block III der Anlage ist die **KulturKunststatt Prora** untergebracht: Im Erdgeschoss sind u. a. Gemälde von Rügener Malern ausgestellt; das KdF-Museum widmet sich der Geschichte Proras. Das NVA-Museum präsentiert u. a. Unterkünfte und Waffenkammern der DDR-Armee. Im Rügen-Museum geht es um die Geschichte der Insel, und im Wiener Kaffeehaus kümmert man sich um das leibliche Wohl der Besucher (www.kulturkunststatt.de; Sommer tgl. 9.00 bis 19.00, Winter 10.00–16.00 Uhr). Alte Lokomotiven und andere Fahrzeuge zeigt das nahe gelegene **Eisenbahn- und Technik-Museum** (www.etm-ruegen.de; April–Okt. tgl. 10.00–17.00 Uhr).

Veranstaltung

Im Mai **Inselkünstler-Festival** mit Straßenkünstlern aus aller Welt (www.inselkuenstler.de).

Infos

Tipp

In den Baumkronen

In den Wipfeln der Buchenwälder bei Prora verstecken sich Spechthöhlen und Vogelnester. Die Ranger im **Naturerbe-Zentrum** wissen auch genau, wo ein Fuchs gerade seinen Bau hat. Erst 2013 eröffnet, hat sich der neue Baumkronenpfad schnell zu einem der größten Insel-Highlights entwickelt. Der hölzerne Bohlenweg schraubt sich durch einen mächtigen Turm über die Wipfel und gibt die Aussicht auf Bodden, Meer und Küste frei – ein Gefühl wie in einem Adlerhorst. Zu den Führungen kommen Sonderprogramme wie Vollmondwanderungen, Fledermausnächte oder Bernsteinschleifen.

Naturerbe Zentrum Rügen, Forsthaus Prora 1, Tel. 038393/ 662200, Mai–Sept. tgl. 9.30–19.30, April/Okt. bis 17.30, Nov.–März bis 16.30 Uhr, www.nezr.de.

04 BINZ

Bis heute ist Binz (5100 Einw.) Rügens beliebtester und größter Badeort. Im Jahr 1318 erstmals erwähnt, begann der Aufstieg zur Bademetropole im 19. Jh.

Sehenswert/Museum

Paradebeispiel der **Bäderarchitektur** ▶ **TOPZIEL** ist das im Jugendstil erbaute **Kurhaus** (1908). Auch in der Haupt-, Putbuser-, Elisen- und Dünenstraße finden sich viele typische Gebäude. Die Kurverwaltung bietet geführte Themenspaziergänge an. Ausflugsschiffe legen an der 370 m langen **Seebrücke** (1994) an. Im Süden der Strandpromenade steht ein futuristisches **Badewärterhäuschen** (1981) des in Binz gebürtigen Architekten Ulrich Müther (1934–2007).
Wie es Anfang des 20. Jh. in Binz aussah, zeigt das **Museum Ostseebad Binz,** u.a. mit einer Fischerstube, einer Kollektion von Bademoden und einem Pensionszimmer (Bahnhofstraße 54; April–Okt. tgl. 10.00–17.00, sonst bis 16.00 Uhr).

Veranstaltungen

Die Saison wird am 1. Mai mit dem **Anbaden** der Binzer Hoteliers im Rahmen der Binzer Sommerfrische eröffnet. Auf das **Bluewave-Musikfestival** (Juni) folgen das **Granitzer Schlossfest** (Juli) und das **Seebrückenfest** (Aug.). Im Sept. Monat der Bäderarchitektur und Duckstein-Festival, im Okt. das **Binzer Saisonfinale** mit Strandpferderennen.

Umgebung

Unter Naturschutz steht der **Schmachter See.** Auf dem Tempelberg im Granitzer Buchenwald liegt das **Jagdschloss Granitz,** das Fürst Wilhelm Malte I. zu Putbus 1837–1851 klassizistisch errichten ließ (erreichbar mit dem Jagdschlossexpress; www.jagdschloss-granitz.de). In **Karls Erlebnisdorf** bei Zirkow finden Familien einen Freizeitpark mit Abenteuerspielplatz, Traktorbahn, Kartoffelsack-Rutsche, Bauernhof, Indoor-Spielplatz und Schauwerkstätten (Binzer Straße 32, tgl. 8.00–19.00 Uhr, www.karls.de).

Information

Kurverwaltung, Heinrich-Heine-Straße 7, 18609 Ostseebad Binz, Tel. 03 83 93 / 14 81 48, www.ostseebad-binz.de

05 SELLIN

An einer Steilküste liegt das Ende des 13. Jhs. erstmals erwähnte Sellin (2400 Einw.), das „Tor zum Mönchgut". Bäderarchitektur und der Sandstrand sind Hauptattraktionen des Seebads.

Sehenswert/Museen

Die schönsten Beispiele für **Villen** um 1900 stehen in der Wilhelmstraße. Die mit einem Restaurant bebaute **Seebrücke** erstreckt sich fast 400 m in die Ostsee; eine Tauchgondel ermöglicht einen Blick in die Meerestiefe (Nov.–März tgl. 11.00–16.00, April/ Mai, Sept./Okt. 10.00 bis 19.00, Juni–Aug. 10.00–21.00 Uhr). Am historischen **Bahnhof Sellin** hält der „Rasende Roland". Im **Bernsteinmuseum** kann man auch Funde prüfen lassen (Granitzer Straße 34, www.bernsteinmuseum-sellin.de; Juni–Sept. Mo.–Fr. 10.00–13.00, 14.00–17.30, Sa. 10.00–12.00, sonst kürzer). Das **Museum Seefahrerhaus** zeigt die Welt der Seeleute (Seestr. 17 b, März–Okt. tgl. 10.00–16.00, sonst nur Di.–Sa.).

Aktivitäten

Badespaß bietet das **Inselparadies Sellin** (Badstr. 1, www.inselparadies.de; März–Okt. tgl. 9.00 bis 22.00 Uhr, übrige Monate kürzer).

Spaziergang im Mönchgut

Tipp

Multimediales Erlebnis

Zuerst eine Zeitreise ins wabernde grüne Kreidemeer, dann in die Eiszeit zu einem echten kleinen Eisberg, der die Besucher zum Zittern bringt. Danach geht es unter den Waldboden des Jasmund, wo der Dachs in seinem Bau sitzt. Das **Nationalpark-Zentrum Königsstuhl** sorgt in seiner Erlebnisausstellung für Überraschungen. Über Kopfhörer geleitet, entdecken die Besucher das Leben unter und über dem Wasser, in den Baumkronen und auf den Kreidefelsen – für Kinder wie Erwachsene ein spannendes Erlebnis.

Ostern–Okt. tgl. 9.00–19.00, sonst bis 17.00 Uhr; Stubbenkammer 2, 18546 Sassnitz, Tel. 03 83 92 / 66 17 66, www.koenigsstuhl.com

Umgebung

Boot fahren und angeln kann man auf dem **Selliner See;** ein Wanderweg führt ins denkmalgeschützte **Moritzdorf.** 3 km Sandstrand und ein Küstenfischermuseum (Bollwerkstraße; tgl. 9.00–20.00 Uhr) hat **Baabe** zu bieten.

Information

Kurverwaltung Sellin, Warmbadstraße 4, 18586 Ostseebad Sellin, Tel. 03 83 03 / 1 60, www.ostseebad-sellin.de

06 GÖHREN

Das einstige Fischerdorf Göhren (1200 Einw.), auf einer Landzunge im Biosphärenreservat Südost-Rügen, hat zwei lange Strände. 1165 erwähnt, seit 1878 Ostseebad, darf es sich mittlerweile auch Kneippkurort nennen.

Sehenswert

Direkt hinter der doppeltürmigen **Backsteinkirche** (1930) liegt das steinzeitliche **Hügelgrab Speckbusch** mit weitem Blick über die Halbinsel Mönchgut. Im Kurpark endet der „Rasende Roland". Am Nordstrand, dem Hauptstrand, ragt die **Seebrücke** (1993 nach historischem Vorbild) in die Ostsee. Bis zu 25 Menschen können gleichzeitig auf dem **Buskam** stehen, größter Findling an der deutschen Ostseeküste, auch als Hochzeitsstein bekannt. Auf der **Bernsteinpromenade** kann man am Strand entlang bis in die Nachbarbäder Baabe und Sellin flanieren.

Museen

In alten Bauern- bzw. Fischerhäusern sind vier der acht Mönchguter Museen (www.moenchguter-museen-ruegen.de) untergebracht: Den Alltag früherer Jahrhunderte macht der **Museumshof** erlebbar; frühgeschichtliche Funde und Trachten zeigt das **Heimatmuseum**. Das **Rookhus** (um 1720) ist Rügens letztes schornsteinloses Rauchhaus. Das **Museumsschiff „Luise"** (1906) zeigt die Arbeit an Bord eines Küstenfrachters. Aktuell (Ende 2014) ist von den vier Museen nur das Heimatmuseum für Besucher geöffnet (Mai–Juni Di.–So. 10.00 bis 17.00, Juli–Okt. Mo.–Sa. 10.00–17.00, sonst kürzer). Wann sämtliche Häuser wieder zugänglich sein werden, ist noch nicht geklärt.

Veranstaltungen

Anf. Mai findet das **Mönchguter Heringsfest** statt, Anf. Aug. das **Seebrückenfest.** Die größte Silvesterfeier Rügens ist **Strandkorbsilvester.**

Information

Kurverwaltung, Poststraße 9, 18586 Göhren, Tel. 03 83 08 / 6 67 90, www.goehren-ruegen.de

07 MIDDELHAGEN

Boddenküste, Steilufer, feinsandige Strände, Hügel, Seen, Wiesen – das alles vereint sich im Mönchgut. Die Halbinsel heißt nach den Zisterziensermönchen, die hier bis ins 17. Jh. herrschten. Im Zentrum liegt Middelhagen, dessen Katharinenkirche aus dem Mittelalter stammt.

Museen

Im **Schulmuseum** kann man die Räume des Dorfschullehrers besichtigen und jeden Mi. eine hist. Schulstunde erleben. Ein tief hängendes Reetdach besitzt das **Hallenhaus** (17. Jh.), in dem Alltagsgegenstände der Mönchguter Bauern ausgestellt sind (beide Juni–Aug. tgl. 10.00 bos 17.00 Uhr, sonst kürzer, hist. Schulstunde Mi. 10.00 Uhr).

Umgebung

Ein schönes, ruhiges Fischerdorf ist **Groß Zicker** mit seinen Dreiseitgehöften. Um 1400 wurde die Backsteinkirche des Dorfes erbaut. Gut erhalten zeigt sich das Pfarrwitwenhaus (1720) mit spitzem Zuckerhutdach (April/Mai/ Okt. Mo.–Sa. 11.00–16.00, So. 13.00–16.00, Juni/ Sept. Mo.–Sa. 10.00–17.00, So. 13.00–17.00, Juli/ Aug. Mo.–Sa. 10.00–18.00, So. 13.00–18.00 Uhr).

Information

Kurverwaltung Middelhagen, Dorfstraße 4, 18586 Middelhagen, Tel. 03 83 08 / 21 53, www.middelhagen.info

Ostrügen
72–73

DuMont Aktiv

Kräutersuche im Mönchgut

Die Zickerschen Berge im Mönchgut bieten wild wachsenden Kräutern hervorragende Bedingungen. Auf geführten Touren lernt man die verschiedenen Arten des „grünen Goldes" zu unterscheiden. Wer auf den Geschmack gekommen ist, kann sein Wissen in Kochkursen bei einem Profi vertiefen.

Zanderfilet in Wildkerbelsoße, Rhabarbertarte an Rapsblüten-Honig-Eis: Gerichte mit frischen Kräutern sind en vogue auf den Ostseeinseln. Vor allem das Mönchgut ist für seinen Kräuterreichtum berühmt. „Viele Besucher fühlen sich an die bunten Wiesen ihrer Kindheit erinnert", sagt René Geyer, der hier über hundert Kräuterarten gezählt hat. Der Kräuterexperte und Wildhüter veranstaltet geführte Exkursionen, auf denen er Essbares und Giftiges vorstellt, Kochtipps gibt und die Verarbeitung erläutert. „Sammeln Sie möglichst bei sonnigem Wetter und nur vormittags", rät er, „dann sind die ätherischen Öle am intensivsten." Unterwegs weist Geyer darauf hin, dass man im Biosphärenreservat keine Gewächse mitnehmen darf. Niemand muss in den Schutzzonen der Insel wildern: Viele Arten wachsen auch außerhalb der Parks am Wegesrand – und bei Profikoch Peter Knobloch im Garten.

Peter Knobloch in seinem Kräutergarten

LECKER: VERGISSMEINNICHT

Der Gastronom veranstaltet regelmäßig Kräuterkochkurse. Anfangs müssen sich viele beim Probieren überwinden. Der Koch drückt den Zögernden Kräuter zum Riechen, Schmecken und Fühlen in die Hand, zum Beispiel eine Vergissmeinnicht-Blüte. Auch die ist essbar, der moderne Mensch hat das nur vergessen.

WEITERE INFORMATIONEN

Kräuterwanderungen mit René Geyer auf dem Zickerschen Höft dauern rund 2,5 Stunden.
April–Sept. Mo., Do., Fr. 10.00, Sa. 13.00 Uhr; Tel. 01 73 / 9 89 80 31, www.naturgeyer.de

Küchenchef Peter Knobloch veranstaltet in der Villa mit Sonnenhof in Göhren regelmäßig **Kochkurse** zum Thema Kräuterküche.
Tel. 03 83 08 / 3 40 94, www.villa-mit-sonnenhof.de

Herzlich willkommen

Rund ums Achterwasser

Peenestrom und Achterwasser umspülen das stille Hinterland Usedoms. Maler wie Lyonel Feininger und Otto Niemeyer-Holstein fanden hier ihre Motive. Natur macht auch den Reiz des Lieper Winkels aus. Auf der Greifswalder Oie genießt die Vogelwelt besonderen Schutz. Vor 75 Jahren gehörte das Eiland zur Heeresversuchsanstalt der Nationalsozialisten, deren Hinterlassenschaft heute in Peenemünde dokumentiert wird.

Zwei Hubbrücken verbinden die Insel Usedom mit dem Festland. Über die nördliche bei Wolgast fährt auch die Eisenbahn.

Bei Touristen wie Malern gleichermaßen als Motiv beliebt: die „Kunstmühle" von Benz

Das Historisch-Technische Informationszentrum dokumentiert Luft- und Raumfahrtgeschichte.

Ein Hauch von „Nautilus": futuristische Tauchglocke an der Vinetabrücke in Zinnowitz

Frühmorgens am Gothensee. Kein Windhauch kräuselt das Wasser. Nebel liegt über den taunassen Wiesen. In gemächlichem Ruderschlag zieht ein Boot am Rand des breiten Schilfgürtels entlang: Fischer Eddy Stoll gemeinsam mit einem Kollegen auf Kontrollfahrt. Stoll zieht einen Stock aus dem Schlick, an dem eine Reuse befestigt ist – leer. In der nächsten findet er immerhin einen Flusskrebs. „Früher mussten wir sie alle ein bis zwei Tage leeren", sagt der bärtige Fischer. „Heute reicht es alle vier bis fünf Tage." Er klagt über Kormorane, die ihm den Fisch wegfangen, über Schonzeiten und Quoten. „Die Politiker, die darüber entscheiden, sollten alle mal ein Jahr lang von der Fischerei leben müssen." Wie viele Kollegen betreibt Stoll die Fischerei nur noch im Nebenerwerb – für sein Haupteinkommen sorgt ein Hotel.

AM „DEUTSCHEN MISSISSIPPI"

Die Fischereitradition reicht auf Usedom bis zu den Anfängen menschlicher Besiedelung zurück. Im Lieper Winkel, einer Halbinsel zwischen Peenestrom und Achterwasser, wurden Harpunen und Angelhaken aus frühgeschichtlicher Zeit gefunden. Im Mittelalter ernährte der Fisch hier nicht nur die armen Bauern, sondern trug auch zum Wohlstand von Landadel und Klöstern bei. So verbrieften Urkunden dem Kloster Grobe im 13. Jahrhundert die Fischereirechte rund um den Lieper Winkel. Nach der Reformation ging dieses Privileg auf den Herzog von Pommern-Wolgast über, dem die Lieper Gemeinden pro Jahr „viermal vier Kähne Fische für die Hofküche" zu liefern hatten. Heute lassen sich die Fischer des Lieper Winkels an einer Hand abzählen. Der Fischerhafen von Rankwitz und die leckere frische Ware am Räucherstand ziehen trotzdem viele Besucher an. Fischerei gehört hier einfach zum Lokalkolorit.

Der Lieper Winkel gilt als eine der stillsten Gegenden der Insel. Der Kontrast könnte kaum größer sein: Dort die quirligen Seebäder mit beeindruckenden Residenzen und Seebrücken – hier kleine Dörfer mit krummen Fischer- oder Kapitänshäusern und Feldsteinkirchen. Auch im hundert Jahre alten Dorfladen von Rankwitz scheint die Zeit stehen geblieben zu sein: Topfpflanzen werden neben Herrenhemden angeboten, Comics neben Ölgemälden, dazu Brötchen und Bier. Rund um die Dörfchen Liepe, Warthe und Grüssow erstreckt sich einsame, wilde Natur: Graureiher staken im Wasser, Seeadler ziehen ihre Kreise. Manche nennen diesen Teil der Küste den „deutschen Mississippi". Kein Wunder, wirkt der Peenestrom hier doch wie ein mächtiger Fluss. Stille und Einsamkeit

Die „Pommersche Riviera" hat zwischen Peenemünde und Ahlbeck über 35 Kilometer feinen Sandstrand zu bieten – am Stück. Und das Ostseebad Zinnowitz liegt mittendrin.

Die Strandpromenade wird auch in Zinnowitz von klassischer Bäderarchitektur gesäumt.

Gründerzeitliche Residenzen leuchten an der Promenade um die Wette.

finden Wanderer hier auf dem Weg entlang des Ufers. „Bergsteiger“ erklimmen den höchsten Gipfel der Halbinsel: Ganze 18 Meter hoch ist der Jungfernberg. Immerhin wartet oben ein echtes Gipfelbuch.

LÜTTES BOOT IN LÜTTENORT

Nicht nur der Lieper, auch andere Winkel auf Usedom haben im Lauf der Jahrhunderte viele Künstler inspiriert. Der in New York geborene Maler Lyonel Feininger begeisterte sich besonders für die weiten Landschaften mit Dünen, Meer und Wolkenformationen. Der Vertreter der klassischen Moderne kehrte Anfang des 20. Jahrhunderts mehrfach nach Heringsdorf zurück. Von hier aus brach er mit dem Fahrrad zu Touren auf, um unterwegs Szenerien wie die Mühlen von Neppermin und Benz einzufangen. Dagegen war der Maler Otto Niemeyer-Holstein nicht mit dem Rad, sondern mit seinem Boot, dem „Lütten“ (Kleinen), unterwegs, als er 1933 eine kleine einsame Bucht am Achterwasser zu seinem Lieblingsort erkor. Wie hätte er das Fleckchen Erde anders nennen können als „Lüttenort“? Niemeyer kaufte es und residierte zunächst in einem ausrangierten Berliner S-Bahn-Wagen. Aus Platzmangel baute er später an: Küche, Wohnräume, Atelier. Während er sich in der Zeit der Nazidiktatur vollständig zurückzog, scharte Niemeyer-Holstein in späteren Jahren eine kleine Gemeinde aus Künstlern und Kunstinteressierten um sich. Viele von ihnen kehrten später nach Lüttenort zurück und erzählten Anekdoten über ihren einstigen Gastgeber. „Neulich kam ein ehemaliges Modell von ihm“, berichtet die Museumsführerin. „Es war eine achtzigjährige Dame, ganz klein und gebrechlich. Und auf dem Bild ist sie noch so jung und voller Lebenskraft.“ Vor seinem Tod 1984 verfügte Niemeyer, dass Lüttenort unverändert für die Öffentlichkeit erhalten bleiben solle. So klemmt in der Staffelei noch ein unvollendetes Bild, und auf dem Esstisch stehen frische Blumen.

Das 1724 barockisierte Rathaus bildet das Zentrum von Wolgast, das Anklamer Tor ist eines der Wahrzeichen der Stadt Usedom. Auf der Greifswalder Oie kommen Vogelbeobachter auf ihre Kosten (im Uhrzeigersinn).

Selbstbildnis Philipp Otto Runges von 1810.
Sein Geburtshaus in Wolgast ist heute Museum.

RAKETEN FÜR DEN „ENDSIEG“

Einsame Landschaften wie um Lüttenort findet man auch auf dem Peenemünder Haken im Norden Usedoms. 1936 bildete die Abgeschiedenheit ein wichtiges Argument für die Umsetzung eines Geheimprojekts der Nationalsozialisten: In der Heeresversuchsanstalt konzentrierte sich in den Jahren vor 1945 die deutsche Raketenforschung. Ein Heer von Ingenieuren arbeitete unter der Leitung Wernher von Brauns an der Entwicklung des Aggregats 4, das unter dem zynischen Namen „Vergeltungswaffe V2“ in die Geschichte einging. Am 3. Oktober 1942 startete hier die weltweit erste Rakete zu einem Flug ins All – als Vorläuferin aller militärischen und zivilen Trägerraketen. Schätzungsweise 8000 Menschenleben kosteten die Angriffe mit der V2 in England. Nicht zu vergessen die rund 20 000 Zwangsarbeiter und KZ-Häftlinge, die bei der Produktion dieser Waffen unter grausamen Umständen ums Leben kamen.

Das Museum dokumentiert nicht nur die Vergangenheit Peenemündes, sondern will auch im Kampf um die Deutungshoheit über die Geschichte dieses Ortes Zeichen setzen. Viele Besucher kommen, um hier die „Wiege der Raumfahrt“ zu bewundern: eine Anlage der Superlative, damals eines der modernsten Forschungszentren der Welt. Keine Kosten und Mühen wurden gescheut: Der modernste Windkanal der Welt, das drittgrößte S-Bahnnetz Deutschlands, das längste Fernheizsystem Europas befanden sich in der Heeresversuchsanstalt. Die Ausstellung in den Hallen des ehemaligen Kraftwerks von Peenemünde reflektiert jedoch auch den Zusammenhang von Ethik und Technik und die bis heute gern verdrängte Verantwortung der Wissenschaft gegenüber Mensch und Natur: Peenemünde nicht nur als „Wiege der Raumfahrt“, sondern auch als Keim von Wettrüstung und Kaltem Krieg.

In den Jahren seit der Wende wurde der neueste Diskussions- und Forschungsstand in die Gestaltung neuer Ausstellungen einbezogen, zum Beispiel bei der Einrichtung der „Denkmal Landschaft“, eines Rundweges, der auf 22 Kilometer Länge an den 16 wichtigsten historischen Denkmälern aus jener Zeit vorbeiführt – quer durch ein Gebiet, das der Öffentlichkeit seit dem Zweiten Weltkrieg verschlossen war. Der Wanderer erfährt dabei auch viel über die wertvolle Flora und Fauna des Peenemünder Hakens, der in den Jahren 1936 bis 1989 Sperrgebiet war.

HELGOLAND DER OSTSEE

Dazu zählte nicht nur der Nordzipfel Usedoms, sondern auch die Greifswalder Oie. Unter den Nationalsozialisten diente das Inselchen als Beobachtungs- und Messstation der Heeresversuchsanstalt; sogar Raketenstarts wurden durchgeführt. Später übernahm die NVA die Kontrolle, um die Landesgrenze der DDR zu bewachen. Heute dürfen hier nur noch Seevögel landen und abheben. Zu deren Schutz ist Massentourismus tabu: Nur fünfzig Personen am Tag können das Schiff zur Greifswalder Oie besteigen, die auch als „Helgoland der Ostsee“ bezeichnet wird. „Hände aus den Taschen und keine Schimpfwörter!“, diktiert die Frau des Käpt’n den mitfahrenden Schülern, bevor die einstündige Kutterfahrt beginnt. Vorbei an Ruden, einer einstigen Lotseninsel, erreicht die

Heute dürfen hier nur noch Seevögel landen und abheben.

Buntes Blumenidyll im Lieper Winkel, einer der abgeschiedensten Ecken auf Usedom

Als wäre die Zeit stehen geblieben: Abendstimmung am Achterwasser.

Frischer Fisch und reichlich Landschaft – wenn das nicht Appetit macht.

Im Lieper Winkel scheinen sogar die Boote vor sich hin zu träumen.

Special SCHWARZES GOLD

Erdöl auf Usedom

Erdöl schmiert die Weltwirtschaft, und so war die erfolgreiche Bohrung auf Usedom für den Osten Deutschlands ein Quell der Freude.
Ob das Politbüro jubelte, ist nicht bekannt. „Öl“ lautete die kurze, aber spektakuläre Meldung im November 1965, als schon die erste Bohrung nach dem kostbaren Rohstoff erfolgreich verlief. Die Lagerstätte Lütow auf der Usedomer Halbinsel Gnitz gilt seither als größte bislang bekannte Erdöllagerstätte der neuen Bundesländer. Rund 1,3 Millionen Tonnen sollen bislang aus 2400 Meter Tiefe gefördert worden sein, eine beeindruckende Menge für ein Land, das seine Devisen für Energieeinkäufe genau kalkulieren musste. Und auch heute gilt die Förderung angesichts hoher Rohölpreise noch als rentabel.

Bei einer Fahrt über den Gnitz würden selbst die Augen von J. R. Ewing glänzen: In gemächlichem Takt drehen sich die Pumpen auf den Bohrtürmen, den sogenannten Pferdeköpfen – ein Anblick wie in Texas. Doch die Vorräte gehen zur Neige: Die Fördermenge sank von 220 000 Tonnen auf 4500 Tonnen im Jahr. Doch nun wollen Ölfirmen hier mithilfe der umstrittenen „Fracking“-Methode Öl fördern – ein Risiko für Umwelt und Tourismus auf Usedom..

„Pferdeköpfe“ heißen die Erdölpumpen.

Besuchergruppe den Hafen der Oie, wo schon ein Mitarbeiter der Umweltschutzorganisation Jordsand wartet. Die ist verantwortlich für den Schutz und die Erforschung des gefiederten Flugverkehrs auf der Insel. Junge Freiwillige kontrollieren täglich die aufgestellten Netze. Jeder Zugvogel, der sich in einem dieser Netze verfängt, wird gemessen, gewogen und beringt – die Ergebnisse finden dan Eingang in internationale Forschungsprojekte.

Die Zukunft der Greifswalder Oie hätte auch anders aussehen können: Nachdem die NVA das Gelände geräumt hatte, überschlugen sich Investoren mit Projektideen: Ein luxuriöses Hotelressort, ein 18-Loch-Golfplatz, ein Prominentenfriedhof sollten hier entstehen. Doch der Schutzgedanke konnte sich durchsetzen. Besucher genießen heute daher einen freien Blick vom 150 Jahre alten Backsteinleuchtturm und spazieren durch einen kleinen Urwald mit Teppichen aus Bärlauch und knorrigen alten Bäumen. Gern würde so mancher Gast über Nacht in diesem Idyll bleiben. Das klappt aber nur, wenn man das Schiff verpasst. „Wenn es einmal lange tutet, müssen Sie sich beeilen“, schärft der Kapitän den Passagieren auf der Hinfahrt ein. „Wenn es dreimal kurz tutet, können Sie sich wieder Zeit lassen – dann bin ich weg.“

KREIDE

Dem weißen Gold auf der Spur

Für die leuchtenden Kreidefelsen der Halbinsel Jasmund ist Rügen berühmt. Im Kreidemuseum Gummanz wird in einem ehemaligen Tagebau die Verarbeitung des urzeitlichen Stoffes demonstriert, der noch heute vielseitige Verwendung findet, auch im Wellness-Bereich.

Eine der bekanntesten Ansichten der Kreidefelsen überhaupt stammt von Caspar David Friedrich.

Rügengäste kennen die Ansicht von unzähligen Fotos und Gemälden, angefangen bei Caspar David Friedrichs „Kreidefelsen auf Rügen". Bei Schiffsrundfahrten erleben sie, wie sich die weißen Felsen mit ihrer grünen Buchenkrone vom Horizont abheben. Beim Wandern auf dem Hochuferweg von Sassnitz über den Königsstuhl bis nach Lohme haben sie die Kreide unter den Füßen. In der Ausstellung im Nationalparkzentrum wird die Entstehung dieser einzigartigen Landschaft multimedial in Szene gesetzt: Vor etwa sechzig bis siebzig Millionen Jahren sanken die Sedimente kleinster Lebewesen wie Muscheln, Seeigel oder Schalentiere auf den Meeresboden ab. Durch ihre Verfestigung entstand im Lauf der Zeit Kreidekalk: fast reines Calciumkarbonat, feinkörnig und weich. Bei sinkendem Meeresspiegel wurde diese Schicht später angehoben, von eiszeitlichen Gletschern verformt und freigelegt.

KREIDEABBAU DAMALS UND HEUTE

Früher verband man mit der Kreide vor allem wirtschaftliche Interessen. 1845 ging in Sassnitz die erste Kreideschlämmerei in Betrieb, fünfzig Jahre später gab es mehr als zwanzig Produktionsstätten, meist kleine Familienbetriebe. Einer von ihnen ist heute im Kreidemuseum Gummanz zu besichtigen. Anhand historischer Filmaufnahmen lässt sich in den alten Backsteinmauern nachempfinden, wie anstrengend und zeitaufwendig die Kreidegewinnung einst war: Mit

Aber auch „in natura" kennt so gut wie jeder die typisch weiße Steilküste. Und wer den Anblick einmal live erlebt hat, vom Schiff oder von einem der Aussichtspunkte aus, vergisst ihn nie mehr.

Kreideabbau auf Rügen 1957 (links) und ein Schaufelradbagger des Kreidewerks in Klementelvitz, der sich im 21. Jahrhundert durch die vor siebzig Millionen Jahren entstandene Kreideschicht frisst.

Hacken schlugen Arbeiter die Kreide aus der Wand, schoben sie in Loren zum Rührwerk und schlämmten sie mit Wasser auf, um sie von Fremdstoffen wie Feuersteinen zu trennen. Dann trocknete die Kreide mehrere Wochen, um schließlich in Fässern zu den Abnehmern zu gelangen. Erst in den 1960er-Jahren wurde die Produktion im Schlämmkreidewerk Klementelvitz automatisiert. Die DDR stieg zu einem der führenden Kreideexporteure der Welt auf. Heute ist Klementelvitz der letzte von einst bis zu vierzig Herstellern. Das Werk zählt nun zu den modernsten in ganz Europa.

VON DER SCHUL- ZUR HEILKREIDE

Wer bei Kreide an Schulkreide denkt, liegt heutzutage falsch, denn die wird inzwischen aus Gips hergestellt. Doch aus vielen anderen Bereichen ist die Rügener Kreide kaum wegzudenken: bei der Kabelherstellung, als natürlicher Dünger, in der Rauchgasentschwefelung oder als Füllstoff in Farben. Nach der Wende entdeckte man sie auch als Naturheilmittel wieder. Schon vor achtzig Jahren halfen Kreidepackungen bei Gelenkentzündungen und Hautkrankheiten. Sassnitz entwickelte sich Ende der 1930er-Jahre zum einzigen Kreideheilbad der Welt, das in den Sechzigerjahren jedoch einschlief. Erst nach der Wende besann man sich auf die alte Tradition. „Mit der Kreide haben wir ein Therapiemittel ohne Nebenwirkungen, das bei vielen Krankheitsbildern unterstützend eingesetzt werden kann", sagt Dieter Hoffmann vom Verein Rügener Heilkreide. Zum Basisrepertoire gehören neben Bädern vor allem Packungen, die auf den Rücken oder den gesamten Körper aufgetragen werden. Dabei hat Hoffmann einen wichtigen Zusatzfaktor für den Heilerfolg ausgemacht: Rügen! „Die reine Kreideanwendung bringt neunzig Prozent des Ergebnisses. Die Insel, der Urlaub, das Meer steuern die fehlenden zehn Prozent bei."

INFOS RUND UM DIE RÜGENER KREIDE

Kreidemuseum
Das Kreidemuseum Gummanz bei Sagard ist Nov.–Ostern Di.–So. 10.00–16.00, sonst tgl. 10.00–17.00 Uhr geöffnet.
www.kreidemuseum.de

Heilkreide
Rügener Heilkreide und ihre Nebenprodukte wie Kreidebalsam, Körperemulsion oder Zahncreme sind überall auf der Insel in Souvenirshops und Hofläden erhältlich. Man kann sie aber auch online bestellen.
www.arcus-kontor.de

Kreideanwendungen
Zahlreiche Hotels und Praxen bieten Anwendungen mit Kreide, in Binz etwa das Upstalsboom Hotel Meersinn, das IFA Rügen und das Kurhaus Binz.
www.meersinn.de
www.ifa-ruegen-hotel.com
www.travelcharme.com/kurhaus-binz

Muskel- und Gelenkerkrankungen oder Neurodermitis zählen zu den Krankheitsbildern, bei denen Heilkreide, etwa in Form einer Packung, unterstützend eingesetzt wird.

Maßstab 1:190.000
0 2 4km
01
02
03
04
05
06
07
08
Ruden
Greifswalder Oie
Freesendorfer Haken
Naturschutzgebiet
Peenemünder Haken
Struck
Spandowerhagener Wiek
Kölpinsee
Historisch-technisches Museum
Peenemünde
Lubmin
Lubminer Heide
Freest
Kröslin
Karlshagen
Trassenheide
Mölschow
Zinnowitz
Zempin
Koserow
Streckelsberg
Kölpinsee
Loddin
Ückeritz
Stubbenfelde
Achterwasser
Naturpark
Wusterhusen
Brünzow
Loissin
Hoher Berg
Rubenow
Ziesebruch
Neu Boltenhagen
WOLGAST
Tannenkamp
Mahlzow
Hubbrücke
Wolgaster Ort
Krummin
Krumminer Wiek
Sauzin
Ziemitz
Gnitz
Lütow
Möwenort
Neuendorf
Görmitz
Haubenhörn
Netzelkow
Katzow
Karbower Wald
Hanshagen
Wrangelsburg
Lühmannsdorf
Schwedenstraße
Peenestrom
Lieper Winkel
Warthe
Reestow
Grüssow
Liepe
Quilitz
Rankwitz
Pudagla
Balmer See
Balm
Neppermin
Benz
Kückelsberg
Stoben
Züssow
Karlsburg
Schloss
Zemitz
Rauher Berg
Pulow
Lassan
Kreideberg
Buggenhagen
Rubkow
Murchin
Klein Bünzow
Schmatzin
Groß Polzin
Wasserschloss
Ziethen
Peenetalmoor
Schwarzer Berg
Mellenthin
Morgenitz
Katschow
Mellenthiner Heide
Usedomer Berg
Weißer Berg
Stadtforst
Stolpe auf Usedom
Wisent-Gehege
Pätenow
Gummlin
Dargen
USEDOM
Usedomer Winkel
Usedomer See
Vossberg
Gellenthin
Zecherin
Kölpin
Karnin
Mönchow
Wilhelmshof
Ostklüne
Welzin
Kaminer Brücke (Mittelteil)
Anklamer Fähre
Insel Usedom
Stettiner Haff
ANKLAM
Peenedamm
Marienkirche
Steintor
Otto-Lilienthal-Museum
Hoher Stein
Gellendin
Stolpe
Medow
Postlow
Blesewitz
Butzow
Pelsin
Bargischow
Gnevezin
Neuenkirchen
Alt Teterin
Neu Teterin
Neu-Kosenow
Alt-Kosenow
Bugewitz
Mühlgraben
Mörkerhorst
Leopoldshagen
Mönkebude
Grünberg
Busow
Kalkstein
Heidberg
Ducherow
Rossin
Spantekow
Drewelow
Fasanenhof
ehemalige Festung
Spantekower
Świnoujście

Usedom im Windschatten

Seebäder wie Zinnowitz, Karlshagen und Ückeritz prägen den Norden Usedoms. Ein Höhepunkt für geschichtlich und wissenschaftlich interessierte Besucher ist Peenemünde. Und nur wenige Kilometer von den Seebädern entfernt entdeckt man im Hinterland der Insel unberührt wirkende Natur.

01 PEENEMÜNDE

Am nördlichen Ende des Peenestroms gelegen, wurde Peenemünde (260 Einw.) bereits im 13. Jh. erwähnt. Bekannt ist der Ort vor allem durch die Heeresversuchsanstalt des Dritten Reiches. 1936–1944 arbeiteten Tausende in dem Sperrgebiet an der Raketenentwicklung. Auch nach dem Zweiten Weltkrieg nutzten NVA und Sowjetarmee die Anlage für militärische Zwecke.

Sehenswert

Beeindruckend, obwohl nur noch Ruine, ist die **Sauerstofffabrik,** in der das Gas einst als Zusatz zum Raketentreibstoff produziert wurde.

Museen

Besuchermagnet ist das **Historisch-Technische Museum** ▶**TOPZIEL** im Kraftwerk der Versuchsanstalt. Es dokumentiert die Raketenentwicklung, die Geschichte der Versuchsanstalten sowie Produktion und Folgen des Einsatzes der Peenemünder Waffen (April–Sept. tgl. 10.00 bis 18.00, Okt. bis 16.00, Nov.–März Di.–So. 10.00 bis 16.00 Uhr; www.peenemuende.de). In der **Phänomenta** können naturwissenschaftl. Phänomene in 200 Experimenten erkundet werden (Museumsstraße 12, www.phaenomenta-peenemuende.de; Mitte März–Okt. tgl. 10.00–18.00 Uhr, Nov.–Jan. und Mitte Feb. bis Ende März geschl.). Im Hafen wurde ein ehem. russisches U-Boot (1961; 85,90 m) zum **Maritim Museum** (Haupthafen, www.u-461.de; Juli–Mitte Sept. tgl. 9.00–19.00, Mai–Juni/Mitte Sept.–Mitte Okt. 10.00–17.00 Uhr, sonst kürzer). Spielwaren aus drei Jahrhunderten zeigt das **Spielzeugmuseum** (Museumsstraße 14; tgl. 10.00–16.00 Uhr, www.usedom-spielzeugmuseum.de).

Umgebung

Von Peenemünde erreicht man mit dem Schiff (Reederei Apollo, Tel. 03 83 71 / 2 08 29, www.schifffahrt-usedom.de) die Greifswalder Oie und Ruden; beide Inseln sind Naturschutzgebiete.

02 KARLSHAGEN

Erst 1829 gegründet, erhielt der Ort (3100 Einw.) mit den noch nicht vom Massentourismus entdeckten Stränden 2001 den Titel „Ostseebad". Der Fischerei- und Jachthafen am Peenestrom ist Ausgangspunkt für Ausflugsfahrten. Im **Naturschutzzentrum** erfährt man Wissenswertes über den Naturpark Usedom; das Zentrum bietet auch Exkursionen an (Mai–Sept. Di.–So. 10.00–17.00, sonst bis 16.00 Uhr). Etwas außerhalb liegt eine Gedenkstätte für die Opfer des Zwangsarbeitslagers Peenemünde.

Veranstaltung

Hunderte Volleyballspieler kämpfen im Aug. bei einem der größten Beachvolleyball-Turniere im Ostseeraum um den **Usedomer Beachcup.** Im Okt. findet das **Usedomer Drachenfestival** statt.

Information

Tourist-Information, Hauptstraße 4,
17449 Ostseebad Karlshagen,
Tel. 03 83 71 / 5 54 90, www.karlshagen.de

03 WOLGAST

Die 12 500-Einw.-Stadt mit ihren Fachwerkhäusern ist ein aufstrebender Hafen- und Werftstandort. Urspr. Siedlung slawischer Fischer, erhielt Wolgast 1257 Stadtrechte. Seine Blütezeit erlebte es im 15. und 16. Jh. als Getreidehafen. Berühmtester Sohn der Stadt ist der frühromantische Maler Philipp Otto Runge (1777–1810).

Sehenswert

Die dreischiffige **St.-Petri-Basilika** (15. Jh.) diente als Hofkirche der pommerschen Herzöge. Das **Rathaus** mit mittelalterlichem Kern wurde nach einem Brand barock wiederaufgebaut. Am Stadtrand liegt die got. **Gertrudenkapelle** (1420), eine Nachbildung des Heiligen Grabes in Jerusalem.

Museen

„Kaffeemühle" heißt das **Stadtmuseum** wegen der Dachkonstruktion; es residiert in einem alten Kornspeicher (Rathausplatz 6, www.museum.wolgast.de; alle Museen April–Okt. Di.–Fr. 11.00 bis 18.00, Sa./So. bis 16.00 Uhr). Im **Runge-haus** hängen zwar keine Originale des Romantikers, das Museum zeigt aber dessen Einfluss auf die moderne Malerei sowie seine Farbenlehre (Kronwiekstr. 45). Im Museumshafen kann man das eisbrechende **Eisenbahndampffährschiff „Stralsund"** (1890; 37,5 m) besichtigen.

Umgebung

Fünfmal am Tag öffnet sich die Blaue Brücke für den Schiffsverkehr auf dem Peenestrom. Auf dem **Wolgaster Ort,** der Halbinsel auf der anderen Seite des Stroms, liegt **Krummin** mit der mittelalterl. Klosterkirche St. Michael. Der **Kulturhof Mölschow** bietet neben einem landwirtschaftlichen Erlebnisbereich auch Schauwerkstätten mit alter Handwerkskunst (www.usedom-aktiv.de; Juni–Sept. tgl. 10.00–18.00, Mai/Okt. Di.–Sa. 10.00–16.00, Nov.–April Di.–Fr. 10.00–16.00 Uhr).

Information

Wolgast-Information,
Rathausplatz 10, 17438 Wolgast,
Tel. 0 38 36 / 60 01 18,
www.wolgast.de

Tipp

Schmetterlingsfarm

Sie sind schwarz mit roten Tupfen, schillernd blau oder leuchtend rot: Falter aller Arten flattern durch die Freiflughalle der größten Schmetterlingsfarm Europas. Die Besucher bewegen sich frei durch die lichtdurchflutete ehemalige Sporthalle – mit Schweiß auf der Stirn, denn es herrschen tropische Temperaturen. Manchmal setzt sich ein Flatterwesen auf die Schulter eines Gastes. Kinder stehen fasziniert vor der „Puppenstube", in der man Schmetterlingen beim Schlüpfen aus ihren Kokons zusehen kann.

Schmetterlingsfarm, Wiesenweg 5,
17449 Trassenheide, Tel. 03 83 71 / 2 82 18,
www.schmetterlingsfarm.de

04 ZINNOWITZ

Wegen seiner prächtigen Bäderarchitektur hieß Zinnowitz auch „Perle der Ostsee". Erstmals 1309 erwähnt, stieg der Ort (4000 Einw.) Anfang des 20. Jh. zum mondänen Seebad auf.

Sehenswert

315 m reicht die **Vineta-Brücke** in die Ostsee, 1993 neu errichtet. Gleich daneben ist die futuristisch anmutende **Tauchgondel** zu finden, deren Passagiere den Lebensraum Ostsee kennen lernen (Juni–Aug. tgl. 10.00–21.00, April, Mai, Sept./Okt. bis 19.00, sonst Mi.–So. 11.00 bis 16.00 Uhr). Die Strandpromenade wird von Parkanlagen und vielen Holzskulpturen gesäumt.

Infos

Museen
Das **Museum im Bahnhof Zinnowitz** widmet sich der Ortsgeschichte, dem Bäderwesen und maritimen Themen (Am Bahnhof 1, Mo.–Fr. 10.00 bis 16.00, Sa./So. 14.00–17.00 Uhr). Das **Usedomer Kunsthaus** zeigt zeitgenössische Malerei, Objektkunst und Keramik (Wilhelm-Potenberg-Str. 1; Di.–Fr. 14.00–18.00, Sa. 10.00–12.00 Uhr).

Aktivitäten
Aus der Meeresschwimmhalle ist die **Bernsteintherme** mit Meerwasserbecken, Thermalbad und Sauna entstanden (www.bernsteintherme.de; tgl. 10.00–18.30 Uhr).

Veranstaltungen
Am 4. Wochenende des Jahres lädt das **Winterstrandkorbfest** zur Beachparty mit Glühwein und Rahmenprogramm. Im Juli und Aug. zeigen auf einer Freilichtbühne die **Vineta-Festspiele** den Untergang der sagenhaften Ostseestadt Vineta (www.vineta-festspiele.de).

Umgebung
Nordwestl. liegt das Seebad **Trassenheide** mit über 4 km langem Sandstrand. Hier befindet sich der Themenpark Wildlife Usedom mit einer Ausstellung lebender und präparierter Tiere (Wiesenweg 2, Mai–Okt. tgl. 9.30–18.30 Uhr, www.wildlife-usedom.de). Schöne Spaziergänge lassen sich im Trassenmoor zwischen Trassenheide und Karlshagen machen. In **Zempin** finden sich noch hist. Salzhütten, in denen der Fisch mit Salz haltbar gemacht wurde. Südl. ragt die **Halbinsel Gnitz** ins Achterwasser; ruhebedürftige Urlauber zieht es in die einsame Landschaft. Nahe **Neuendorf** sind noch einige Erdölpumpen in Betrieb. Bei **Lütow** befindet sich das letzte jungsteinzeitl. Großsteingrab der Insel. Am südl. Ende der Halbinsel liegt das **Naturschutzgebiet Gnitz** mit dem Weißen Berg, eine der schönsten Wander- und Spaziergegenden der Insel. Idylle bietet **Netzelkow** mit seinem kleinen Jachthafen. Ein Naturschutzgebiet mit vielen Pflanzen und seltenen Vogelarten befindet sich auch auf der **Insel Görmitz,** die nur Wanderer und Radfahrer betreten dürfen.

Das Otto-Niemeyer-Holstein-Haus in Koserow

Information
Kurverwaltung Ostseebad Zinnowitz, Neue Strandstraße 30, 17454 Zinnowitz, Tel. 03 83 77 / 49 20, www.zinnowitz.de
Kurverwaltung Trassenheide, Strandstraße 36, 17449 Ostseebad Trassenheide, Tel. 03 83 71 / 2 09 28, www.trassenheide.de

05 KOSEROW

In Koserow, ebenfalls ein ehemaliger Fischerort (1700 Einw.), soll das sagenhafte Vineta gewesen sein. Verglichen mit anderen Seebädern findet man hier Ruhe und Beschaulichkeit.

Sehenswert
Zu den ältesten Kirchen der Insel zählt die **Dorfkirche** (14./15. Jh.) mit vollständig erhaltenem mittelalterl. Flügelaltar. Neben der **Seebrücke** (1993) laden hist. **Salzhütten** (1820) zum Kosten frischer Fische und einem Besuch im Museum zur Strandfischerei ein. Vom **Streckelsberg** (südöstl.) hat man einen schönen Blick über die Ostsee bis nach Rügen und Wollin.

Museen
Das **Otto-Niemeyer-Holstein-Gedenkatelier** ▶**TOPZIEL** in Lüttenort zeigt Werke des Malers und anderer Künstler; außerdem Lesungen, Konzerte und Malkurse (Tel. 03 83 75 / 2 02 13, www.atelier-otto-niemeyer-holstein.de; Mitte April–Mitte Okt. tgl. 10.00–18.00, sonst Mi., Do., Sa./So. 10.00–16.00 Uhr).

Veranstaltungen
Im Juli das **Seebrückenfest** sowie ein **Bootshafenfest.** Unter dem Namen **Klassik am Meer** wird jeden Sommer in der Kirche Theater gespielt (www.klassik-am-meer.de).

Umgebung
Loddin-Kölpinsee (1000 Einw.) besteht aus Kölpinsee an der Ostsee, das vor allem durch den gleichnamigen See besticht, und Loddin am Achterwasser. Am Forstamt Neu Pudagla bei Ückeritz (südl.) führt ein Lehrpfad durch das Naturschutzgebiet am Wockninsee. Hier befindet sich auch der „Usedomer Gesteinsgarten" mit rund 150 eiszeitlichen Findlingen sowie ein Kletterwald für Kinder.

Tipp

Kultur im Wind
Die Holländermühle in Benz mit ihrer Schindelverkleidung und den gewaltigen Flügeln zählt zu den beliebten Postkartenmotiven der Insel. Der Blick aus der Dachstube reicht weit über Dorf und Schmollensee. 1968 wurde hier der Film „Effi Briest" gedreht. Später diente das Gebäude Künstlern als Atelier. Heute hält ein Verein die Mühle in Schuss: Im Denkmal wird historische Technik gezeigt. Es finden Führungen statt und jeden Sommer ein großes Mühlenfest.

Kulturmühle Benz, Labömitzer Straße 6, 17429 Benz, Tel. 03 83 78 / 36 50, www.muehle-benz.de

Information
Kurverwaltung Koserow, Hauptstraße 31, 17459 Ostseebad Koserow, Tel. 03 83 75 / 2 04 15, www.seebad-koserow.de

06 LIEPE

Die Halbinsel Lieper Winkel zwischen Achterwasser und Peenestrom zählt zu den abgeschiedenen Ecken Usedoms. Bis ins 20. Jh. blieben slawische Trachten und Bräuche erhalten. In **Rankwitz** stehen viele Fischer- und Bauernhäuser, Segler schätzen den kleinen Hafen, das Heimatmuseum widmet sich der Fischerei und Landwirtschaft. Im Zentrum des Winkels liegt **Liepe;** in St. Johannes (1216 erwähnt), der ältesten Kirche Usedoms, sind einige spätmittelalterl. Fresken erhalten.

DuMont Aktiv

Veranstaltungen

Beim **Töpfermarkt** (Juli) präsentieren rund 30 Werkstätten ihr Angebot. Beim **Usedomer Freiwasserschwimmen** (Sept.) durchqueren ausdauernde Schwimmer den Peenestrom zwischen Warthe und Lassan.

07 BENZ

Benz (9800 Einw.) liegt mitten in der hügeligen Landschaft des Achterlandes, auch „Usedomer Schweiz" genannt. Die Dorfkirche St. Petri wurde schon 1229 mit dem Ort erwähnt. In der **Holländermühle** (1823) finden Ausstellungen und Lesungen statt (www.muehle-benz.de; April bis Okt. Di.–So. 10.00–17.00 Uhr).

Umgebung

Südwestl. liegt das Renaissance-Wasserschloss von **Mellenthin** (1580; Restaurant und Café). In der Mellenthiner Heide, in Prätenow, leben Wisente im **Wisentgehege Insel Usedom** (www.wisentgehege-usedom.de; Ostern–Okt. tgl. 10.00 bis 17.00, sonst Di.–So. 10.30–15.30 Uhr). In **Dargen** am Stettiner Haff gibt das Technik- und Zweiradmuseum einen Überblick zur Technikgeschichte der DDR (www.museumdargen.de; April–Okt. tgl. 10.00–18.00, sonst 10.00–15.00 Uhr). Nördl. ist in **Pudagla** eine weitere Mühle zu besichtigen (www.usedom-bockwindmuehle-pudagla.de).

08 USEDOM STADT

Usedom (1800 Einw.) erhielt schon 1298 Stadtrecht, wirkt aber wie ein größeres Dorf. Seit der Jungsteinzeit besiedelt, wurde die Stadt mehrfach durch Brände zerstört – so gibt es heute fast nur Häuser aus dem 18. und 19. Jh.

Sehenswert

Wahrzeichen ist das **Anklamer Tor** (1450), das ein kleines Heimatmuseum beherbergt (Tel. 03 83 72 / 7 08 90). Auf dem Marktplatz steht die spätgotische **Marienkirche.** Vom **Schlossberg** schöner Blick auf den Usedomer See.

Umgebung

Der **Usedomer Winkel** wird von Usedomer See, Stettiner Haff und Peenestrom eingerahmt. In **Karnin** am Peenestrom steht das Mittelstück der 1932 erbauten Hubbrücke, ein technisches Meisterwerk, heute unter Denkmalschutz. **Welzin** besitzt die einzige Landkäserei auf Usedom (Verkostung und Verkauf).

Information

Stadtinformation, Bäderstr. 5, 17406 Usedom, Tel. 03 83 72 / 7 08 90, www.stadtinfo-usedom.de

Safari auf Seitenwegen

Die einsamen, versteckten Orte Usedoms kommen bei der „Usedomer Inselsafari" zu Ehren. Eine Tagestour über holprige Pisten im Hinterland führt zu vielen Plätzen, die nur Einheimischen bekannt sind. Beim Fischgrillen am Achterwasser klingt der Tag aus.

Hauptstraßen sind tabu bei einer echten Safari. Und so biegt Gunnar Fiedler schon nach wenigen Minuten Asphalt in einen Feldweg ein. „Das sind unsere Straßen für heute", kündigt der junge Usedomer an. Es geht über historische Verbindungswege, Wiesen und holprige Pisten. Schließlich sollen an Bord des Landrovers die unbekannten Seiten der Insel erforscht werden: verwunschene Seen mit Bibern und Eisvögeln, einsame Schilflandschaften am Peenestrom, verschlafene kleine Dörfer mit baufälligen Scheunen und Feldsteinkirchen.

Naturnahes Abendessen ...

... gegrillter Fisch vom Lagerfeuer

GANZ NACH WUNSCH

Die Route quer durch Usedom wird nach den Wünschen der Gäste zusammengestellt: Sind Kunstfans dabei, steht Benz mit auf dem Programm, eine Künstlergemeinde, deren Geschichte Gunnar Fiedler beim Picknick unterm klappernden Mühlrad erzählt. Bei Interesse – und entsprechender Buchung – steigt die Gruppe zwischendurch auf Drahtesel, Ballon, Paddelboot, Motorjacht oder gar Leichtflugzeug um.

Kurz vor Sonnenuntergang sitzen dann alle rund ums Lagerfeuer am Ufer des Achterwassers. Frischer Saibling und Forelle brutzeln am Stock über dem Feuer. Es gibt sogar Musik dazu: ein Froschkonzert mit Nachtigallsolo.

WEITERE INFORMATIONEN

Maximal 8 Teilnehmer pro Wagen können bei der Usedomer Inselsafari auf Tour gehen. Die Exkursionen starten im Sommer täglich zwischen 9.00 und 10.00 Uhr.

Abfahrtsort nach Vereinbarung. In den Sommermonaten auf Anfrage auch Mehrtagestouren.
Tel. 0 38 36 / 20 32 90, Fax 20 32 99, www.insel-safari.de

Ristorante
RIALTO

Grenzenloser Bäderglanz

Mehr als zwölf Kilometer Sandstrand, die längste Promenade Europas und eines der schönsten Ensembles der Bäderarchitektur – dadurch zeichnen sich die drei „Kaiserbäder“ Ahlbeck, Bansin und Heringsdorf aus. Auch im polnischen Teil Usedoms und auf der Schwesterinsel Wollin hat das Bäderwesen eine lange Tradition.

120 Jahre alte Bäderarchitektur in Ahlbeck, unverkrampft kombiniert mit Zugeständnissen an die heutige Nutzung

Ahlbecks 1898 eingeweihte Seebrücke ist die älteste,
die in Deutschland noch erhalten ist.

Nachbauten historischer Badekarren erinnern
in Bansin an die Anfänge des Badewesens.

Die prachtvolle Fassade des Ahlbecker Hofs kündet von der glorreichen Zeit der Kaiserbäder.

Am Anfang war nur Fisch: Den üppigen Heringsfängen im Frühjahr verdankt Heringsdorf seinen Namen. Doch schon vor fast 200 Jahren kamen die ersten Badegäste. Den eigentlichen Investitionsschub brachte das Jahr 1872, als der Berliner Bankier Hugo Delbrück die „Aktiengesellschaft Seebad Heringsdorf" gründete. In den Folgejahren entstanden prächtige Villen mit Holzschnitzereien, Stuck und Gittern, mit Erkern und Friesen.

ZUCKERBÄCKERARCHITEKTUR

Der Begriff „Bäderarchitektur" versucht die bunte Mixtur zusammenzufassen, mit der sich die Bauherren und ihre Architekten damals austobten. Sie nahmen Anleihe bei allen bekannten Baustilen und in Ländern wie Norwegen oder China. Besonders charakteristisch sind die hölzernen Balkone und Loggien – Seeblick war ein „Muss". Auch in der Namensgebung für die Häuser schlugen sich die Vorlieben der Epoche nieder: die Verehrung für die eigene Gattin, für Richard Wagner oder den Deutschen Kaiser. So promenierte man in Heringsdorf über die Kaiser-Wilhelm-Brücke, und der Kaiserhof-Atlantik war das beste Haus am Platz. Die Seebrücken galten als Wahrzeichen der Bäder. Ursprünglich nur aus praktischen Erwägungen errichtet – sie ermöglichten den Landgang trockenen Fußes –, entwickelten sie sich um 1900 schnell zum Treffpunkt und zur Flaniermeile. Immer wieder holte sich jedoch die See eines der Bauwerke. Zu DDR-Zeiten war man darüber nicht traurig, konnten die Seebrücken doch „Republikflüchtigen" eine Hilfe sein. Die Heringsdorfer Kaiser-Wilhelm-Brücke, 1957 einer mysteriösen Brandstiftung zum Opfer gefallen, wurde daher erst 1995 durch einen Neubau ersetzt – mit 508 Metern die längste Seebrücke Europas.

Zu Beginn des Bäderwesens stellten Hochadel und Großbürgertum das Gros der Gäste: Kaiser Wilhelm I. kam nach Heringsdorf, sein Enkel Wilhelm II. und

Usedom hat vierzig Kilometer Sandstrand am Stück,
da lässt sich's gut wandern – wie hier in Bansin.

1995 neu gebaut: die Heringsdorfer Seebrücke, mit
508 Metern die längste in Kontinentaleuropa

In der zweiten Hälfte des 19. Jahrhunderts wurde Heringsdorf zum Modebad.

Der Strand ist das wichtigste Kapital des ehemaligen Fischerdorfs.

Kaiser Franz Joseph I. von Österreich folgten. Doch mit zunehmender Popularität und dem Anschluss Usedoms an das Bahnnetz Ende des 19. Jahrhunderts strömten auch bürgerliche Familien auf die Insel, die sich schnell den Beinamen „Badewanne Berlins" erwarb. Musiker, Schriftsteller und Maler gehörten zu den Gästen, Lyonel Feininger, Heinrich und Thomas Mann, Theodor Fontane, Johann Strauß, Maxim Gorki oder Kurt Tucholsky waren zu Besuch.

WANDEL DER (BADE-)SITTEN

Betrachtet man historische Gemälde und Fotos des Badebetriebs, so lässt sich am Grad der Freizügigkeit schnell die jeweilige Epoche ablesen: Die Badenden der Kaiserzeit zeigten sich keusch und sittsam. Man ließ sich in einem Badekarren ins Meer ziehen, um dann vorsichtig über eine Leiter ins Wasser zu steigen. Das Baden wurde mehr als Pflicht denn als Vergnügen angesehen, streng nach den Verordnungen des Arztes angewandt: hinein bis zum Bauch, dann dreimal untertauchen. Eigentlich reiste man zum Promenieren in der neuesten Mode und zur gesellschaftlichen Unterhaltung an die See. Später kamen öffentliche Badeanstalten auf, getrennt nach Geschlechtern natürlich. Familienbäder weichten die Trennung um die Jahrhundertwende nur langsam auf. Die erste Freibadeerlaubnis für das Baden auch außerhalb der Anstalten wurde 1923 erteilt – in Bansin als erstem Seebad in Deutschland. Dem kurzen Aufblühen liberaler Sitten in den 1920er-Jahren setzte der preußische „Zwickelerlass" 1932 mit strengen Regeln für die Badekleidung ein Ende.

Der Strandkorb ist aus jener Epoche nicht wegzudenken, aber auch heute noch steht er an jedem Ostseestrand in Reih und Glied. Der Legende nach soll 1882 eine Dame in Rostock den ersten jemals hergestellten Strandkorb in Auftrag gegeben haben. Die Manufaktur in Heringsdorf gilt als ältester noch existierender Produzent in Deutschland. Über 250 000 Strandkörbe verließen den Handwerksbetrieb seit seiner Gründung

Eigentlich reiste man zum Promenieren an die See.

im Jahr 1925. Zu DDR-Zeiten waren die Körbe nur unter der Hand zu bekommen: Der Großteil der Produktion ging an Ferienheime oder in den Westen. Aus Rohstoffmangel stieg man damals von Korb auf Holz als Material um. Heute kämpft die Heringsdorfer Manufaktur gegen Billigkonkurrenz aus Fernost – und setzt auf die Befriedigung exklusiver Kundenwünsche: Es gibt die Körbe auch mit Laptop, Fernseher oder iPod-Anschluss. Das „eigentümlich bergende Sitzhäuschen", wie Thomas Mann es nannte, ist eben mehr als nur ein Sofa im Sand.

AKTION ROSE

Für Walter Ulbricht soll der Anblick der nach dem Krieg wieder florierenden Privathotels und Pensionen ein Ärgernis gewesen sein. Abhilfe war seiner Meinung nach unumgänglich – vor allem aus ideologischen Gründen. Für die meisten Hoteliers und Gastronomen kam die Enteignung völlig unerwartet: Am 10. Februar 1953 und in den Folgetagen durchsuchten Volkspolizisten private Tourismuseinrichtungen überall an der Ostseeküste der DDR – schwerpunktmäßig auf Rügen und Usedom. Sie handelten im Rahmen der sogenannten „Aktion Rose", ein groß angelegter Einsatz zur Enteignung der „Strandbourgeoisie". Ein Sondergericht verurteilte viele der festgenommenen Hoteliers im Schnellverfahren zu Haftstrafen. Angebliche Verstöße gab es zuhauf: Verkauf von illegal eingeführten Westwaren, Steuerhinterziehung, sogar Spionage. In der Regel war mit dem Urteil auch der Vermögensentzug verbunden – die enteigneten Hotels wurden meist der staatseigenen Gewerkschaft FDGB überschrieben. Viele Betroffene

Im Hinterland der Kaiserbäder erstreckt sich
auf 600 Hektar der Gothensee.

Der Gothensee, der seit 1967 unter Naturschutz steht, ist ein stiller
Kontrast zum Urlaubstrubel am Ostseestrand.

Im 19. Jahrhundert trockengelegt, in den 1980er-Jahren durch eingeleitete Abwässer beinahe zugrundegerichtet – der Gothensee hat einiges mitgemacht. Seit den 1990ern geht's aufwärts.

Special BERG GOLM

Vom Ausflugsziel zum Ort des Todes

Die Usedomer waren immer stolz auf den Berg Golm in der Nähe des Dorfes Kamminke, mit 69 Metern die höchste Erhebung der Insel. Funde aus der Bronzezeit und Reste von Burgwällen aus dem 6. und 7. Jahrhundert bezeugen die kontinuierliche Nutzung des strategisch günstigen Ausgucks. Um den weiten Blick ging es den Menschen auch im 19. Jahrhundert. Jedes Wochenende strömten sie in Scharen aus der Hafenstadt Swinemünde auf den Gipfel, wo sie die Aussicht genossen und im Gasthof „Onkel Toms Hütte" zu Mittag aßen. Das Ausflugsziel war so beliebt, dass man den Golm 1852 durch die erste befestigte Straße auf Usedom erschloss und 1880 eine Haltestelle der Bahnlinie einrichtete.

Der Zweite Weltkrieg veränderte den Golm für immer. Schon im Sommer 1944 hatte man begonnen, hier einen Soldatenfriedhof anzulegen. Dann kam der Bombenangriff des 12. März 1945 – 1609 Tonnen Spreng- und Splitterbomben fielen auf das von Flüchtlingen und Soldaten überfüllte Swinemünde, rund 20 000 Menschen verloren ihr Leben. Die Opfer des Angriffs, der als „Dresden des Nordens" und „Massaker von Swinemünde" in die Geschichtsbücher einging, wurden in Massengräbern auf dem Golm bestattet.

Kriegsgräberstätte Golm

flohen damals in den Westen. Erst nach der Wende wurde das Eigentum – oftmals in mehr als marodem Zustand – zurückübertragen.

ÖFFNUNG STATT STACHELDRAHT

Bis vor einigen Jahren endete das deutsche Urlaubsparadies wenige Kilometer östlich der Kaiserbäder. Doch auch die polnischen Nachbarn zählen Usedoms Strände zu den schönsten ihres Landes: In Swinemünde und Misdroy sind sie bis zu hundert Meter breit. Swinemünde als größte Stadt Usedoms blieb jedoch nach dem Zweiten Weltkrieg vom Hinterland abgeschnitten. Der „Eiserne Vorhang" unterbrach auch die schnelle Bahnverbindung, die von der deutschen Hauptstadt durch das heutige Polen in die Kaiserbäder verlief.

In den Jahren nach der Wende bewegten sich Polen und Deutsche nur zögerlich aufeinander zu. Dieser Prozess beschleunigte sich mit dem EU-Beitritt Polens: Die Grenzübergänge Garz und Ahlbeck wurden für den Individualverkehr geöffnet – vorher musste man mit dem Auto einen dreistündigen Umweg über Stettin einkalkulieren. Seit 2008 fährt auch die Bäderbahn wieder bis Swinemünde und erfreut sich regen Zuspruchs. Nun hofft man auf eine Wiederbelebung der alten Strecke nach Berlin. Nach neuesten Berechnungen könnte

Im polnischen Teil Usedoms geht es an den Stränden nicht weniger turbulent zu. Die Windmühle auf der westlichen Mole ist seit 1874 Swinemündes Wahrzeichen. „Polnische Riviera" auch auf der Nachbarinsel Wollin. Das 1830 als Badeort entdeckte Misdroy gilt als „Sommerhauptstadt" Polens (im Uhrzeigersinn von oben links).

sie wirtschaftlich betrieben werden, das Land Mecklenburg-Vorpommern hat den Wiederaufbau daher für den Bundesverkehrswegeplan angemeldet – 100 Millionen Euro soll er kosten. Die Ängste mancher Usedomer vor polnischer Konkurrenz erwiesen sich als unbegründet: In der Hotellerie haben beide Seiten ihr eigenes Profil – der typische Seebädergast bleibt seinem Urlaubsort treu.

In Polen sehen das viele ähnlich. „Wir können alle nur profitieren", sagt der Swinemünder Stadtführer Michal Faligowski. „Etwa durch gemeinsame Nutzung des Flughafens auf der deutschen Seite und des Fährhafens auf der polnischen – auf diesem Weg kommen schließlich viele Touristen aus Skandinavien." Die Hafenstadt Swinemünde, bis heute brückenlos, wird durch die Mündung der Swine in zwei Hälften geteilt: Zentrum, Bäderviertel und Strand liegen auf Usedom, das Hafen- und Industriegebiet auf der Nachbarinsel Wollin. Ein Tunnel soll Abhilfe schaffen. Die Stadt boomt seit einigen Jahren: An der Seepromenade wurden viele Häuser restauriert, neue wachsen in den Himmel. Polen ist inzwischen ein Wirtschaftswunderland. Während in den ersten Jahren nach der Wende viele Polen zum Arbeiten ins europäische Ausland strömten, herrscht heute eine Gegenbewegung – sogar deutsche Gastarbeiter wechseln ins Nachbarland.

Wenn in Heringsdorf abends die Gehsteige hochgeklappt werden, sprüht die Promenade in Misdroy noch vor Energie.

BEIDERSEITS DER SWINA

Am Strand von Swinemünde tobt im Sommer das Leben – ebenso wie im benachbarten Misdroy auf Wollin. Wenn in Ahlbeck und Heringsdorf abends die Gehsteige hochgeklappt werden, sprüht die Promenade in Misdroy noch vor Energie:

Naturbelassene Wälder, idyllische Seen, zwei verschiedene Steilküsten, heideartige Landschaften, alte Kalksteinbrüche, Moorgebiete, Schilfwiesen – der Wolliner Nationalpark, erster Meeresnationalpark der Ostsee, ist eine Oase für Naturbeobachter und Naturgenießer.

Seit 1861 steht die Kirche mit den Staffelgiebeln und dem neugotischen Turm in Lubin.

Die größte Insel Polens besteht aus alten Eichenwäldern, schroffen Steilküsten und einsam gelegenen Seen.

Kinder kurven in gemieteten Go-Carts umher, Jugendliche füttern Spielautomaten mit Kleingeld, Bands spielen bis in die Nacht. „Wir mögen es eben etwas lebhafter", erklärt der Reiseveranstalter Michal Sutyla, der sich mit den polnischen Urlaubsgewohnheiten auskennt.

Auch immer mehr Deutsche zieht es in die Region – wegen der noch weitgehend unberührt wirkenden Natur. Wollin ist reich damit gesegnet: Die größte Insel Polens besteht aus alten Eichenwäldern, schroffen Steilküsten und einsam gelegenen Seen. 1996 wurde der Wollin-Nationalpark, der weite Teile der Insel umfasst, um das Rückdelta der Swine und Teile der Küste erweitert. In diesem ersten Meeresschutzgebiet Polens liegt auch das verwunschene „Land der 44 Inseln" mit Sümpfen und Schilfinseln. Mehrmals im Jahr drückt die Ostsee große Mengen Wasser, Schlamm und Sand ins Stettiner Haff, spült manche der Inseln weg und erschafft zugleich neue. Mehr als 200 Vogelarten leben in dieser amphibischen Region, darunter Fisch- und Seeadler. Graurobben und Tümmler sind anzutreffen. Sogar Wisente ziehen wieder umher. Auf ihre Hörner können diese büffelähnlichen Urrinder allerdings niemanden nehmen – sie leben in einem Reservat.

FISCHEREI

Seefahrt tut not

Seefahrt, und damit natürlich auch die Fischerei, hat auf allen Ostseeinseln jahrtausendelange Tradition. Manch einer sieht sie bereits am Ende oder nur noch in Form von Angeltourismus existierend, mit einer ungewissen Zukunft. Andere wie Thomas Koldevitz wollen allen Schwierigkeiten zum Trotz weiterfischen und den Betrieb irgendwann an ihre Kinder übergeben.

Eigentlich hatte ich einen alten Seebären erwartet, doch dann steht mir ein junger Mann gegenüber, mit Lockenkopf und sonnenverbrannter Nase. Sein Name ist mir auf Rügen schon öfter begegnet: als „der nette Fischer im Hafen von Gager" und als Lieferant besonderer Prachtfische für diverse Restaurants. Dass Thomas Koldevitz über die Fischerei genauso viel zu erzählen hat wie ein „Alter", zeigt sich in unserem Gespräch.

Wie war der Fang heute? Mittelmäßig. Ich hatte nur 120 Kilo Flundern im Netz, musste deshalb ein paar Kunden wegschicken und konnte auch nicht alle Gaststätten beliefern. Aber dafür waren es vorgestern 350 Kilo, das nenne ich dann einen guten Fang.

Wer zählt alles zu deiner Kundschaft? Es kaufen sowohl Einheimische als auch Touristen. Um zehn Uhr startet in der Regel der Verkauf frisch vom Boot. Je mehr Leute in den Hafen kommen, desto weniger muss ich später zu den Restaurants hinfahren. Und die übrigen Kisten gebe ich zur Genossenschaft. Spätestens um vier kann ich Feierabend machen, an Ausnahmetagen auch erst spät am Abend. Und das an sieben Tagen in der Woche – außer wenn Sturm ist.

Wie kommen eure Fangquoten zustande? Unsere Genossenschaft bekommt über die Fischereibehörden eine Quote zugewiesen und verteilt diese dann weiter an ihre Mitglieder. Im Moment wird zur Berechnung der individuellen Quote der durchschnittliche Fang des Fischers in den letzten drei Jahren zugrunde gelegt. Fange ich weniger, sinkt auch meine Quote.

Der Beruf des Fischers ist auf den Ostseeinseln seltener geworden – mancher sieht ihn bereits am Ende.

„Wir können den Fangplatz selbst wählen. Wer diesen Beruf länger macht, weiß nach einer Weile, wo er welche Fische findet."

Wird Dir ein bestimmter Fangplatz zugewiesen? Wir können den Fangplatz selbst wählen, müssen aber untereinander gewisse Abstände und natürlich die Sperrgebiete einhalten. Wer diesen Beruf länger macht, weiß ja nach einer Weile, wo er welche Fische findet. Nur wenn du mit Reusen

Einen Großteil seines Fangs verkauft Thomas Koldevitz direkt vom Boot weg.

„Wer sonst sieht schon bei seiner Arbeit die Sonne über dem Meer aufgehen?“

fischst, legt die Fischereiaufsicht den Standort fest. Dafür ist Pacht zu zahlen. Dieses Geld wird später teilweise dafür verwendet, Jungfische auszusetzen.

Was gefällt dir besonders an deinem Beruf? Ich mag die Unabhängigkeit, die ich dabei genieße. Und die Natur, die ich täglich erleben kann. Wer sonst sieht schon bei seiner Arbeit morgens die Sonne über dem Meer aufgehen? Die Quotenregelungen der EU machen mich aber nachdenklich, ob sich dieser Beruf langfristig weiter ausüben lässt.

Wie hat sich die Fischerei auf Rügen entwickelt? Zu DDR-Zeiten waren wir alle in der Genossenschaft organisiert und lieferten dort unseren Fang ab. Für den Hering gab es damals nur Quoten, wenn der Absatz nicht hoch genug war. Aber ansonsten konnten wir unbegrenzt ranklotzen. Heute machen uns die sinkenden Quoten und die Schonzeiten das Leben schwer. Natürlich merken wir, dass es dadurch wieder mehr Exemplare gibt. Aber du musst ja fischen, um überleben zu können. Die Zahl der Fischer ist schon stark zurückgegangen: Die Genossenschaft von Gager zählte vor der Wende 120 Mitglieder, jetzt sind nur noch 13 übrig.

Welche Fischarten werden denn rund um Rügen gefangen? Im Frühjahr beginnt die Heringssaison, außerdem fangen wir in dieser Zeit Dorsch. Gegen Ende April kommt dann der Hornfisch, der nur knapp zwei Monate vor Ort ist. Ab Anfang Mai dürfen wir einen Monat lang Steinbutt fangen. Und direkt im Anschluss fische ich Flundern – den ganzen Sommer hindurch. Viele Kollegen angeln in dieser Zeit zusätzlich Zander, Hecht, Barsch und Aal. Im Herbst kommt der Hering noch einmal zum Laichen, und der Dorschfang beginnt wieder. Der Dorsch wird hauptsächlich im Winter – in den Monaten mit „R“ – gefangen. Wir fahren dafür in eisfreie Gebiete, etwa nach Sassnitz.

Gibt es Fischarten, die spürbar weniger geworden sind? Der Aal ist stark zurückgegangen! Ich habe früher mit rund 250 Reusen auf Aal gefischt. Anfang der 1990er hatte ich manchmal bis zu anderthalb Zentner am Tag, das ist heute nicht mehr möglich. Leider wird die Mehrzahl der jungen Glasaale, die mit dem Golfstrom zum Laichen über den Atlantik kommen, von den Anrainerstaaten weggefangen.

Warst du auf See schon mal in einer brenzligen Situation? Nein, aber du musst in diesem Beruf damit leben, dass immer etwas passieren kann. Die Vorschriften verbieten, dass wir bei mehr als Windstärke 6 rausfahren. Trotzdem kann man von einem Sturm mit Windstärke 10 überrascht werden.

HERING GENIESSEN

Nicht nur zur Saison im Frühjahr und Herbst, sondern das ganze Jahr über kann man auf den Ostseeinseln Hering in vielen Variationen verkosten. Angefangen bei frischen Fischbrötchen, die es in allen Seebädern zu kaufen gibt, bis hin zu Fischgerichten in renommierten Spezialiätenrestaurants wie „Gastmahl des Meeres“ in Sassnitz oder „Restaurant Bernstein“ im „Strandhotel Ostseeblick“ in Heringsdorf. Den Bismarckhering nach Originalrezept erhält man beim Stralsunder Fischhändler Henry Rasmus.

www.gastmahl-des-meeres-ruegen.de
www.strandhotel-ostseeblick.de
www.bismarckhering.com

Maßstab 1:190.000
0
2
4km
Pommersche Bucht
Zatoka Pomorska
København
Ystad
01
02
03
04
05
06
Langenberg
54
Langer Berg
Bansin
Heringsdorf
Schmollensee
Sellin
Neuhof
Stoben
Sallenthin
Benz
Gothen
Ostseetherme
Ahlbeck
Reetzow
Kückelsberg
Gothensee
Zirowberg
Wolgastsee
Labömitz
Korswandt
Ulrichshorst
Thurbruch
Kachlin
Usedom
Görke
Kutzow
Zirchow
Garz
Golm
Dargen
Bossin
Neverow
Regionalflughafen Heringsdorf
Kamminke
ŚWINOUJŚCIE
Kościół Chrystusa Króla
Warszów
Celny
Wyspa Mielin
Ognica
Wydrzany
Mielin
Wyspa Uznam
Przytór
Karsibór
Wyspa Karsiborska Kępa
Wyspa Warnie Kępy
Wyspa Wiszowa Kępa
Wyspa Wik. Krzek
Krzecka Mielizna
Zalesie
Jez. Wicko Wielkie
Lubin
Łunowo
Lubiewo
Międzyzdroje
G. Gosań
G. Grzywacz
Wolinski Park Narodowy
Wolin
Wapnica
Wicko
Trzciągowo
L. Czaplice
Dargobądz
Karnocice
Sukomino
Płocin
Jagienki
Kodrąb
Kodrabek
Ładzin
Warnowo
Rabiaż
Domysłów
Żółwino
Kołczewo
Wisełka
Grodno
Świętouść
Mokrzyca Wielka
Mokrzyca Mała
Darzowice
Wolin
Zacisze
Stettiner Haff
Zalew Szczeciński
Repziner Haken
Ueckermünde
Siedlung Altwarp
Altwarp
Altwarper Binnendünen
Moritzberg
Ueckermünde Ost
Bellin
Bernds-hof
Warsin
Vogelsang-Warsin
Podgrodzie
Miroszewo
Nowe Warpno
(Neuwarp)
Neuwarper See
Jez. Nowowarpieński
Riether Werder
Luckow
Hoppenwalde
Karszno
Warnołęka
Christiansberg
Riether Stiege
Rieth
Eggesin
Wohnsiedlung Karpin
Vorsee
Ahlbeck
Ludwigshof
Garzberge
Myślibórz Mały
Mszczuje
Brzózki
Klein Gumnitz
Eggesiner Teerofen
Butterberg
Großer Mützelburger See
Wlk. Jez. Myśliborskie
Jez. Małomyśliborskie
Myślibórz Wielki
Gegensee
Hintersee
Gegenseer Teerofen
Zopfenbeck
Piaskowa Góra
Karpinek
J. Karpino
J. Piaski
Karpin
Drogoradz
Stara-Trzebież
Mała-Trzebież
Trzebież
Unieműyśl
Niekłończyca
Wyspa Chełminek
Ciche Wody
Zat. Skoszewska
Pomorska Mielizna
Czarnocin
Kopice
Miłowo-Kolonia
Gąsierzyno
Piaski Małe
Stepniczka
Stepnica
(Stepenitz)
Zat. Stepnicka
Zat. Wódzka
Wielkomękowska
Głębia
Kanał Czarn
Głęboki Nurt
Randow

Zu Besuch in den „Kaiserlichen"

Ahlbeck, Bansin und Heringsdorf gelten als Perlen unter Usedoms Seebädern. Museen, Veranstaltungen und Sportangebote sorgen für einen kurzweiligen Aufenthalt. Strandleben bieten auch Swinemünde und Misdroy in Polen. Seit der Erweiterung der Europäischen Union Richtung Osten hat die Staatsgrenze an Bedeutung verloren.

01 BANSIN

Bansin ist das kleinste der drei „Kaiserbäder" (insgesamt 9000 Einw.). Seit 1897 glänzt es mit Architektur und Lage: Fünf Seen sind zu Fuß erreichbar. Von der 1994 errichteten **Seebrücke** (285 m) ist es nicht weit zu Paradebeispielen der Bäderarchitektur an der Strandpromenade, in der Berg- und Seestraße. In einer Apartmentanlage ist das **Tropenhaus Bansin** versteckt, ein Minizoo mit rund 150 exotischen Tieren (Goethestr. 10, Tel. 03 83 78 / 25 40, www.tropenhaus-bansin.de; April–Sept. tgl. 10.00–18.00, sonst bis 16.00 Uhr).

Museen

Im **Hans-Werner-Richter-Haus** sind Stücke aus dem Nachlass des Schriftstellers (1908–1993) und Initiators der Gruppe 47 zu sehen (Waldstr. 1; Juli/Aug. Di.–Fr. 10.00–18.00, Sa./So. ab 12.00, sonst bis 16.00 Uhr). Das **Rolf-Werner-Gedenkatelier** zeigt Werke des für seine Landschaftsbilder bekannten Bansiner Malers (1916 bis 1989; Seestraße 60; Führung tgl. 11.00, Di., Do., Sa., So. auch 14.30 Uhr).

Veranstaltung

Im Juli findet ein großes **Seebrückenfest** mit Kulturprogramm und Feuerwerk statt, im Okt. ein Drachenfest und im Nov. die Hans Werner Richter–Literaturtage.

Umgebung

Im Hinterland schließt sich am Gothensee das **Dorf Bansin** an. Wander- und Radwege führen ins Naturschutzgebiet **Mümmelkensee.** In **Sallenthin** genießt man den „Sieben-Seen-Blick".

Information

Tourist-Information, An der Seebrücke, 17429 Seebad Bansin, Tel. 03 83 78 / 4 70 50, www.drei-kaiserbaeder.de

02 HERINGSDORF

Der Berliner Bankier Dr. Hugo Delbrück machte den einstigen Fischerort in der zweiten Hälfte des 19. Jh. zum Modebad. Heute knüpft Heringsdorf mit renovierten Hotels und Kultur an die alten Traditionen an. Gut 400 m unter dem Vorplatz der Seebrücke wird die jodhaltige Heringsdorfer Sole gefördert.

Sehenswert

Gastronomie und Geschäfte sowie ein Restaurant am Ende der 508 m langen **Seebrücke** (1995) sorgen für quirliges Leben. An die Brücke schließt sich die breite Promenade mit Rosengarten und Konzertmuschel an, gesäumt von **Bäderarchitektur** ▶TOPZIEL; besonders beeindruckend die Villa Oechsler (1883) mit einem wertvollen Glasmosaik, Villa Staudt (1873), in der Kaiser Wilhelm II. einst zu Besuch war, die neoklassizistische Villa Oppenheim (1883) sowie die Villa Bleichroeder (1890), zu DDR-Zeiten Residenz des FDGB-Chefs. Die Architektur setzt sich in der Delbrückstraße fort. Vom Zentrum aus führt der Apothekerweg zur Kirche und zum „Weißen Schloss" (urspr. 1825), in dem schon die Kronprinzessin Victoria mit den preußischen Prinzen Urlaub machte.

Die Villa Oppenheim wurde vom Maler Lyonel Feininger mehrfach als „Villa am Meer" verewigt.

Museen

Die **Villa Irmgard** beherbergt eine Gedenkstätte für den russ. Dichter Maxim Gorki (1868–1936), der 1922 hier weilte (Maxim-Gorki-Straße 13; Mai–Sept. Di.–So. 12.00–18.00, sonst Di.–So. 12.00 bis 16.00 Uhr). Das **Muschelmuseum** findet man auf der Seebrücke (Juni–Sept. tgl. 9.00 bis 21.00, sonst 10.00–18.00 Uhr).

Veranstaltungen

Im Mai wird der **Baltic Fashion Award** verliehen (www.baltic–fashion.de). Im selben Monat findet ein **Internationales Kleinkunstfestival** statt (www.kleinkunst–festival.com). Im Juni folgt das **Jazzfestival.** Die **Heringsdorfer Kaisertage** (Aug.) versetzen den Ort in die Vergangenheit zurück. In der **Woche der Bäderarchitektur** (Sept.) dreht sich alles um die geschichtsträchtigen Residenzen. Im Okt. gibt es das **Usedomer Musikfestival.** Rund um den Jahreswechsel findet ein **Wintermarkt** statt.

Umgebung

Ein Wander- und Radweg führt ins benachbarte Dorf **Gothen,** in dem regelmäßig Störche brüten.

Information

Tourist-Information, Kulmstraße 33, 17424 Seebad Heringsdorf, Tel. 03 83 78 / 24 51, www.drei-kaiserbaeder.de

Tipp

Im Wellness-Himmel

Aromatherapie und Ayurveda, Klangmassage und Molkekur, Reiki, Shiatsu und Thalasso – in puncto Wellness bleiben auf Usedom kaum Wünsche offen. Nicht nur Fachkliniken und Kureinrichtungen bieten Anwendungen, auch viele Hotels haben sich auf Wohlfühlurlaub spezialisiert. Laut Eigenwerbung verfügt Usedom über die höchste Dichte an zertifizierten Wellnesshotels in Europa. Jährlich im November greifen die Usedomer Wellnesstage das Thema auf.

www.wellness.usedom.de

Infos

03 AHLBECK

Das Seebad an der Grenze zu Polen gilt als besonders familienfreundlich. Seinen Namen verdankt es dem einstigen Aalreichtum. Nach der Wende wurde es vor allem durch seine historische Seebrücke bekannt, die Loriot 1991 in „Pappa ante Portas" in Szene setzte.

Sehenswert

Ahlbecks **Seebrücke** ▶**TOPZIEL** (280 m), die älteste in Deutschland erhaltene, wurde 1898 fertiggestellt. An der Promenade befindet sich mit einer hist. **Jugendstiluhr** (1911) ein weiteres Wahrzeichen des Ortes. An der Dünen- und Seestraße sowie in den angrenzenden Seitenstraßen viele Bauten aus der Gründerzeit.

Aktivitäten

Die **Ostsee-Therme** ist ein subtropisches Badeparadies (www.ostseetherme-usedom.de; Mai bis Okt. Mo.–Sa. 10.00–22.00, So. bis 20.00, sonst. Mo.–Sa. 10.00–21.00, So. bis 20.00 Uhr).

Veranstaltungen

Beim **Winterbadespektakel** (Febr.) springen rund hundert Abgehärtete in lustigen Kostümen von der Seebrücke ins Meer. Das **Ahlbecker Sommerfest** mit der Langen Nacht der Musik lädt im Juli ein. Im Okt. **Herbstfest** mit Drachen und Kinderprogramm.

Umgebung

Mit dem Fahrrad und zu Fuß gelangt man durch den Wald bis an die polnische Grenze, wo Pferdekutschen die Weiterfahrt nach **Swinemünde** anbieten. Südl. liegt am Stettiner Haff das verschlafene Fischerdorf **Kamminke;** hier befindet sich die Zufahrt zur **Kriegsgräberstätte am Golm.**

Information

Tourist-Information, Dünenstraße 45, 17419 Seebad Ahlbeck, Tel. 03 83 78/49 93 50, www.drei-kaiserbaeder.de

04 ŚWINOUJŚCIE

Der über 100 m breite Sandstrand macht Swinemünde (41 000 Einw.) zum beliebten Badeort. Die größte Stadt Usedoms wird durch die Mündung der Świna (Swina) zweigeteilt – Fähren verbinden beide Teile. 1748 gegründet, entwickelte sich Swinemünde rasch zu Preußens Seehafen. Zu Beginn des 19. Jh. setzte auch der Bäder- und Kurbetrieb ein. Ende des Zweiten Weltkriegs wurde in einer opferreichen Bombennacht ein Großteil des historischen Stadtensembles zerstört. Ab 1948 wurde Swinemünde Hochseefischereistandort.

Sehenswert

Gleich hinter der Grenze bei Ahlbeck beginnt der bunte **Grenzmarkt,** der sich bis in die Innenstadt Swinemündes zieht. Bei der Anreise mit dem Schiff fallen die beiden Hafenmolen ins Auge. Auf westl. Seite steht mit **Stawa Mlyny** ein Wahrzeichen der Stadt: ein Navigationszeichen in Form einer Windmühle (1874). Auf Wolliner Seite ragt der höchste **Leuchtturm** (1859; 68 m; Juli/Aug. tgl. 9.00–20.00 Uhr, sonst kürzer) der Ostsee auf. Direkt daneben befindet sich mit der Ostbatterie **Fort Gerhard** (1863) eine von drei Festungsanlagen der Stadt; Soldaten in preußischen Uniformen führen durch die Mauern (www.fort-gerharda.pl). Am anderen Flussufer ist **Fort Aniola** (1858) zu sehen, wegen seiner Ähnlichkeit mit dem Hadrians-Mausoleum in Rom auch Engelsburg genannt; hier finden Ausstellungen und Konzerte statt (www.fortaniola.pl; Mai–Sept. 10.00–18.00 Uhr, sonst kürzer). Die Westbatterie **Fort Zachodni** (1863) ist als drittes Fort der Öffentlichkeit zugänglich. Beispiele der historischen **Bäderarchitektur** sind an der alten Seepromenade zu sehen. Der **Kurpark** wurde durch Peter Joseph Lenné geplant, Reste des alten Baumbestands sind erhalten.

Tipp

Karibisches Wasser

Der Türkissee gehört zu den beliebtesten Sehenswürdigkeiten im Wolliner Nationalpark. Das Wasser in dem ehem. Kreidebruch schillert karibisch. Hier beginnt ein gemütlicher Wanderweg zum Berg Zielonka. Von der Kuppe des Hügels genießt man einen der schönsten Ausblicke über das „Land der 44 Inseln" – vom Stettiner Haff über den Berg Golm und Swinemünde bis zur Ostsee.

Museum

Im historischen Rathaus residiert heute das **Museum für Hochseefischerei,** auch mit Ausstellungen zur Flora und Fauna der Ostsee sowie zur Badekultur (Juli–Aug. Mo.–Fr. 10.00 bis 20.00, Sa./So. bis 18.00 Uhr, sonst kürzer).

Aktivitäten

Die Stadt und ihre Umgebung lassen sich auf einem 180 km langen **Radwegenetz** erkunden (Broschüre bei der Tourist-Information).

Veranstaltung

Der **Marathonlauf Swinemünde–Wolgast** startet im Sept. (www.usedom-marathon.de).

Umgebung

Rund um Swinemünde erstreckt sich das Deltagebiet der Swine mit zahlreichen Inseln. Einen Besuch lohnt die über eine Brücke oder per Autofähre erreichbare Insel **Karsibór** (Kaseburg) mit dem Vogelschutzgebiet Karsiborska Kepa und einem historischen deutschen Friedhof. Ein Radweg führt rund um die Insel.

Information

Centrum Informacji Turystycznej, pl. Słowiański 6/1, PL-72600 Świnoujście, Tel. 00 48/91/3 22 49 99, www.swinoujscie.pl

05 MIĘDZYZDROJE

Die Polen schätzen den langen Sandstrand und das bewegte Nachtleben des Ortes (5500 Einw.), dessen Ursprung im 13. Jh. liegt. Erste Badeanlagen entstanden in den 1830er-Jahren – ab 1872 gehörte Misdroy zu den bedeutendsten Seebädern, und das bis heute; nicht umsonst wird es als „Sommerhauptstadt" Polens bezeichnet. Der Ort wird vom Wolliner Nationalpark (Woliński Park Narodowy) umschlossen.

Sehenswert

Wahrzeichen der Stadt ist die mehr als 300 m lange **Seebrücke.** An den Restaurants, Imbissbuden und Verkaufsständen der **Strandpromenade** herrscht bis tief in die Nacht Betrieb. Villen in **Bäderarchitektur** wechseln sich mit modernen Hotelbauten ab. Über den **Kurgarten** gelangt man ins moderne Stadtzentrum.

Museen

Das **Naturkundemuseum des Wolliner Nationalparks** (Muzeum Przyrodnicze Wolińskiego Parku Narodowego) zeigt Flora und Fauna der Region, Fossilien und Bernsteinfunde (ul. Niepodleglosci 3 a; Mai–Sept. Di.–So. 9.00–17.00, sonst Di.–Sa. 9.00–15.00 Uhr), ein **Ozeanarium** das Meeresleben der Ostsee (Mai–Sept. tgl. 10.00–18.00 Uhr).

Veranstaltungen

Im Juli findet ein **Festival der Filmstars** statt – prominente Handabdrücke kann man auf einem

„Walk of Fame“ nahe der Strandpromenade bewundern. Im Sommer intern. **Chorfestival.**

Aktivitäten
Von der Seebrücke starten **Ausflugsschiffe** nach Swinemünde und zu den Kaiserbädern nach Usedom (www.adler-schiffe.de).

Umgebung
Im privat geführten **V3-Museum** (Bunkier V3) südl. Misdroy sind Abschussrampen der V3-Geschosse zu sehen; die Geschichte der Waffen ist im angeschlossenen Museum dokumentiert (www.bunkierv3.pl; tgl. 10.00–18.00 Uhr). Misdroy ist Ausgangspunkt für Wanderungen und Radtouren in den **Wolliner Nationalpark** (www.wolinpn.pl) mit dem Kliff des 95 m hohen Gosanbergs über der Ostsee, Türkissee und Wisentreservat.

Information
Informacja Turystyczna, Ul. Promenada Gwiazd 2, PL-72500 Międzyzdroje, Tel. 00 48/91/3 28 27 78, www.miedzyzdroje.pl

06 WOLIN

Schon im 9. Jh. sollen die Wolliner am Ufer der Dziwna (Dievenow) einen Handelsposten errichtet haben, der bald die Region dominierte. Auch hier – wie in Koserow auf Usedom – wurde das sagenumwobene Vineta vermutet. 1124 begann hier die Slawenmission in Pommern. 1365 kam Wollin zur Hanse. Heute liegt Wollin (5000 Einw.) im Dornröschenschlaf, außer beim Wikingerfest im Sommer (www.jomsborg-vineta.com).

Sehenswert
Die got. **Nikolaikirche** (Ende 13. Jh.) wurde im Krieg stark beschädigt; seit Kurzem erstrahlt sie wieder in neuem Glanz. Ein archäologisches Schutzgebiet umfasst ein zu den ältesten Nekropolen des frühen Mittelalters in Westpommern zählendes **Hügelgräberfeld** auf dem Galgenberg. Am Ufer der Dievenow liegt die Replik eines **Wikingerdorfs,** das an die frühmittelalterliche Vergangenheit erinnert.

Museum
Das **Regionalmuseum** (Muzeum Regionalne im. A. Kaube) dokumentiert die Inselgeschichte (ul. Zamkowa 24; Sommer Di.–So. 9.00–17.00, Winter Di.–Sa. 9.00–16.00 Uhr).

Information
Urzad Miasta i Gminy (Stadt- u. Gemeindeamt), ul. Zamkowa 23, PL-72510 Wolin, Tel. 00 48/91/3 26 13 22, www.wolin.pl

Nordic Walking in den Kaiserbädern

Auf Usedom gehört Nordic Walking zu den beliebtesten Sportarten. Je nach Laune kann man in quirligen Seebädern oder unberührter Natur laufen. Viele Hotels und Kurverwaltungen bieten Kurse und geführte Touren an. Sportlich Ambitionierte buchen einen Personal Trainer.

Heringsdorf im Morgenlicht: Säulen und Fassaden der Villen erstrahlen in hellstem Weiß, die Seebrücke schimmert silbrig. Doch die meisten Frühaufsteher haben anderes im Sinn als Sightseeing. Sie joggen, radeln – oder walken nordisch. Von den Hotels an der Strandpromenade kann man direkt loslegen, viele Häuser bieten einen Stockverleih sowie Kurse, nicht nur für Anfänger, sondern auch regelmäßige Lauftreffs. Weitere Angebote sind bei den Kurverwaltungen buchbar.

Nordic-Walking-Trainerin Sabine John

INDIVIDUELL BETREUT
Für ein individuelles Einzeltraining gibt es Personal Trainer wie Sabine John. Die ehemalige Olympionikin und ausgebildete Nordic-Walking-Trainerin richtet sich nach der jeweiligen Fitness.

Insgesamt sieben Routen für jeden Konditionstyp sind in den drei Kaiserbädern ausgeschildert. Startpunkt für die meisten ist die Seebrücke in Heringsdorf. Eine beliebte Strecke mittlerer Schwierigkeit führt ins Hinterland von Heringsdorf. Anstelle von Villen säumen hier mächtige Buchen und Linden den Weg, und der Wind rauscht im Schilf des Sackkanals. Auf halber Strecke passiert man das Dorf Gothen am gleichnamigen See, ein ländliches Idyll. Mit etwas Glück kann man hier sogar Störche beobachten.

WEITERE INFORMATIONEN

Die sieben **Nordic-Walking-Routen** der drei Kaiserbäder sind im Internet beschrieben: *www.drei-kaiserbaeder.de*

Zahlreiche **Hotels** haben verschiedene **Kursangebote** für Nordic Walker in ihrem Programm:

- Hotel Ostseestrand: *www.upstalsboom.de*
- Hotel Maritim: *www.maritim.de*
- Sonnhotel Usedom: *www.sonnhotel-usedom.de*

Sabine John: *Tel. 03 83 77/3 69 93, www.sabine-john-fitness.de*

Service

ANREISE

Mit dem Auto: Nach Rügen und Hiddensee aus Richtung Westen und Süden über die A 20 bis zur Abfahrt Stralsund/Rügen, dann weiter über die B 96 und die Ortsumgehung Stralsund. Nach Usedom über die A 20 bis Ausfahrt Gützkow, dann über die B 111 nach Wolgast (Brückenöffnungszeiten beachten), um in den Inselnorden zu gelangen. Für den Inselsüden über die B 109 / B 110 und die Zecheriner Brücke (Brückenöffnungszeiten beachten). Die polnische Seite Usedoms und die Insel Wollin sind über die Grenzübergänge Ahlbeck und Garz erreichbar.

Mit zwei PS auf Hiddensee unterwegs

Mit der Bahn: Rügen ist über Stralsund an die ICE-Verbindung Hamburg–Rostock–Greifswald angebunden. Aus weiten Teilen Deutschlands gibt es ICE- und IC-Verbindungen, zum Beispiel aus dem Ruhr- und Rhein-Main-Gebiet, aus Berlin, Hamburg und Süddeutschland. Während der Hochsaison fahren einige ICE/IC direkt bis nach Bergen und weiter in das Ostseebad Binz. Im Juli und August fährt jeden Freitagabend ein City Night Line nach Rügen u.a. ab Freiburg, Offenburg, Karlsruhe und Frankfurt/Main. Die Rückfahrt erfolgt in der Nacht von Samstag auf Sonntag. Zwischen Stralsund, Bergen, Binz fahren Regionalzüge im Stundentakt. Von Bergen aus gibt es Anschlusszüge nach Putbus und Lauterbach.

Usedom ist aus Nordrhein-Westfalen mit dem UrlaubsExpress Mecklenburg-Vorpommern erreichbar – von Köln über Hannover und Berlin. Die Hauptstadt verfügt außerdem über Direktverbindungen zur Urlaubsinsel. Die Usedomer Bäderbahn (www.ubb-online.de) bringt Reisende aus allen Richtungen in die Seebäder und bis in den polnischen Teil der Insel nach Swinemünde. Das polnische Usedom ist aus Richtung Osten auch über Stettin erreichbar.

Vergünstigt reist man mit dem Mecklenburg-Vorpommern-Ticket (gilt ab Hamburg), dem Ostsee-Ticket (ab Berlin und aus Brandenburg) und dem Schönes-Wochenende-Ticket.

Mit dem Flugzeug: Die Inseln sind über den nicht ganz nahen Flughafen Rostock-Lage (www.rostock-airport.de) erreichbar. Usedom verfügt zudem über einen Regionalflughafen in Zirchow bei Heringsdorf (www.flughafen-heringsdorf.de), der von Mai bis Oktober von fünf deutschen Flughäfen sowie aus Österreich und der Schweiz angeflogen wird. Nach Polen gelangt man über den Flughafen Stettin.

Mit dem Schiff: Die westlich von Rügen in der Ostsee liegende Insel Hiddensee ist nur mit der Fähre ab Stralsund oder Schaprode erreichbar, im Sommer auch ab Wiek, Breege und Zingst. Ankunft in Vitte, Kloster oder Neuendorf (www.reederei-hiddensee.de, www.weisse-flotte.com).

AUSKUNFT

Tourismuszentrale Rügen, Markt 23, 18528 Bergen auf Rügen, Tel. 0 38 38 / 80 77 80, www.ruegen.de.

Usedom Tourismus GmbH, Waldstr. 1, 17429 Seebad Bansin. Infos und Prospekte unter Tel. 03 83 78 / 477 10, Buchungstelefon 03 83 78 / 4 98 80 (14 Cent / Min.), www.usedom.de.

Tourismusverband Mecklenburg-Vorpommern, Platz der Freundschaft 1, 18059 Rostock, Tel. 03 81 / 4 03 05 50, www.auf-nach-mv.de.

Polnisches Fremdenverkehrsamt, Hohenzollerndamm 151, Tel. 0175/3773397 www.polen.travel/de.

Daten und Fakten

Landesnatur: Die Inselwelt vor der Küste Vorpommerns ist ein Resultat der letzten Eiszeit, die vor rund 10 000 Jahren endete. Gletscher hinterließen eine flache oder sanft gewellte Landschaft, an den Endmoränen findet man Berge und Kliffs. Strömungen trugen von den nacheiszeitlichen, aus dem Wasser der Ostsee ragenden Inselkernen – Hiddensees Dornbusch, Kap Arkona, Königsstuhl oder Berg Golm auf Usedom – Material ab und lagerten es an anderen Stellen wieder an. Zwischen den Inselkernen wuchsen auf diese Weise Nehrungen, wurden Teile der Ostsee abgeschnitten, entstanden Bodden, und die Inselkerne wuchsen zusammen. Der Prozess der Landabtragung und Neubildung ist bis heute nicht abgeschlossen und lässt sich zum Beispiel rund um Hiddensee und im Rückdelta der Swine beobachten. Auch die Spuren der letzten Eiszeit sind noch sichtbar, in Form von gewaltigen Findlingen oder oft wassergefüllten Söllen (Toteiskessel ohne Abfluss) in den Feldern.

Verwaltung: Stralsund, Rügen, Usedom und Hiddensee gehören zum Bundesland Mecklenburg-Vorpommern, Rügen und Hiddensee zum Landkreis Vorpommern-Rügen. Von der Kreisstadt Stralsund aus werden u. a. die Städte Bergen, Sassnitz, Putbus und Garz sowie 38 Gemeinden auf Rügen und Hiddensee verwaltet. Usedom gehört zum Landkreis Vorpommern-Greifswald (Kreisstadt ist Greifswald). Seit 1945 ist Usedom durch die Staatsgrenze zu Polen geteilt. Der polnische Teil und die Insel Wollin gehören zur Woiwodschaft Westpommern, einer von 16 Verwaltungsregionen Polens.

Wirtschaft: Mit dem Aufkommen des Badewesens im 19. Jh. entwickelte sich der Tourismus auf den Ostseeinseln zum bedeutendsten Wirtschaftszweig. Das Bettenangebot wurde kontinuierlich ausgebaut: rund 60 000 auf Rügen und 43 500 auf Usedom. Die Übernachtungsmöglichkeiten auf Campingplätzen, bei Privatvermietern, in Pensionen und größeren Hotels konzentrieren sich auf die Seebäder an der Küste. Man ist bemüht, die bislang stark auf den Sommer beschränkte Saison auszudehnen, um ganzjährige Arbeitsplätze zu schaffen.

Die Bedeutung der traditionsreichen Branchen Landwirtschaft und Fischerei ging kontinuierlich zurück. So werden auf Rügen zwar noch weite Flächen agrarisch genutzt, ein großer Teil der Arbeitsplätze ging jedoch im Zug der Auflösung der Landwirtschaftlichen Produktionsgenossenschaften verloren. Einzelne Höfe haben sich auf Marktnischen spezialisiert, etwa die Herstellung von Biokost und Premiumerzeugnissen. Auch auf Usedom ging die Landwirtschaft zurück, prägt aber noch weite Teile des Hinterlands. Die traditionelle Fischerei wird nur noch von wenigen haupterwerblich Tätigen sowie im Nebenerwerb betrieben. Das neue Fischverarbeitungszentrum in Sassnitz gehört zu den bedeutenden unternehmerischen Neuansiedlungen der letzten Jahre.

Abgesehen von wenigen Großunternehmen wie den Werften in Wolgast und Stralsund ist die gewerbliche Wirtschaft der Region kleinteilig geprägt, vom Kreidebergbau über den Bootsbau bis zur Nahrungsmittelverarbeitung. Mit viel Hoffnung blickt man auf die Bedeutung als Verkehrsdrehscheibe im Ostseeraum. Über den zu einem der modernsten Häfen in der Ostsee ausgebauten Fährhafen Sassnitz-Mukran besteht eine schnelle Anbindung nach Russland, Skandinavien und ins Baltikum. Optimisten sprechen bereits von einer Rückkehr der Hansezeit, in der die Region ein bedeutendes Handelszentrum war.

Die meisten Inselorte informieren mittels eigener Internetpräsenz.

ESSEN UND TRINKEN

Landwirtschaft und Fischerei prägten die Ostseeküste über Jahrhunderte – und somit auch die regionale Küche. Den Besucher erwarten viele deftige Spezialitäten und eine bodenständige **Hausmannskost.** Zunehmend erobern Köche mit modernen Variationen des Überlieferten und neuen Kochideen die Restaurantküchen. Bei der Suche kann der Hinweis auf die **„Regionale Esskultur"** eine Hilfe sein, ein Zusammenschluss von Lebensmittelerzeugern, die Restaurants mit regionalen Produkten beliefern. Die entsprechenden Häuser sind am Symbol einer Kochmütze zwischen Messer und Gabel erkennbar.

Fisch in allen nur denkbaren Variationen dominiert bis heute die Speisekarten. Das Angebot ist so vielfältig wie die Gewässer der Inseln: Aal und Dorsch, Hering und Flunder, Karpfen und Hecht, Scholle und Zander sind zu haben. Beliebt ist der Boddenzander wegen seines besonderen Geschmacks sowie der Steinlachs, den man auch unter der Bezeichnung Ostseeschnäpel kennt. Der Hornfisch kommt nur im Mai und Juni zum Laichen in diese Gewässer und überrascht mit seinen charakteristischen grünen Gräten. Traditionell spielt der Hering auf Rügen und Usedom eine besondere Rolle; während der Heringswochen im April steht er im Mittelpunkt vieler Speisekarten.

Auch den Zubereitungsarten sind keine Grenzen gesetzt: Es gibt Fisch gebacken, frittiert, gekocht, gedünstet, gegrillt, gebraten und roh – oder geräuchert. Auf Rügen und Usedom gibt es kaum einen Ort ohne eigene Fischräucherei. Beliebt sind auch belegte Fischbrötchen.

Neben dem Fisch ist man in Vorpommern traditionell einem guten Stück **Fleisch** nicht abgeneigt. Die weitläufigen Wälder der Inseln sorgten schon immer für Nachschub an frischem Wild. Viele Restaurants bringen im Oktober spezielle Wildkarten heraus, mit Hirsch- oder Wildschweingerichten. Ebenso häufig wird Gänse- oder Entenbraten angeboten, zum Beispiel die Pommersche Spickgans. Als Beilagen werden bevorzugt Kartoffeln serviert. Eine starke Tradition hat auch der Kohl, der in seinen verschiedenen Sorten auf Rügens Halbinsel Wittow angebaut wird.

HOTELS – EINE AUSWAHL

Preiskategorien

€€€€	Doppelzimmer	über 150 €
€€€	Doppelzimmer	100–150 €
€€	Doppelzimmer	50–100 €
€	Doppelzimmer	unter 50 €

Stilecht wohnt man als Rügen-Urlauber in Bäderarchitektur, wie hier in Binz.

Ahlbeck €€€/€€€€ Romantik Seehotel Ahlbecker Hof, Dünenstr. 47, 17419 Seebad Ahlbeck, Tel. 03 83 78 / 6 20, www.seetel.de. Exklusives Haus an der Strandpromenade. Restaurant. 91 Z./Suiten, Nichtraucherzimmer.

Bansin €€ Kaiser Spa Hotel Zur Post, Seestr. 5, 17429 Seebad Bansin, Tel. 03 83 78 / 5 60, www.hzp-usedom.de. Keine 100 Meter vom weißen Sandstrand. Restaurant, Lift, Wellness. 113 Z., 60 Suiten, Nichtraucher- und behindertengerechte Zimmer.

Bergen €€ Parkhotel Rügen, Stralsunder Chaussee 1, 18528 Bergen, Tel. 03 8 38 / 81 50, www.parkhotel-ruegen.de. Kurze Wege zu den Sehenswürdigkeiten und Stränden. Restaurant. 153 Z., Nichtraucherzimmer.

Binz €€/€€€ Grand Hotel Binz, Strandpromenade 7, 18609 Ostseebad Binz, Tel. 03 83 93 / 1 50, www.grandhotelbinz.com. Typische Bäderarchitektur in Strandnähe. Restaurant, Fahrradverleih. 120 Z., 4 Suiten, Nichtraucher- und behindertengerechte Zimmer.

€€€/€€€€ Upstalsboom Hotel Meersinn, Schillerstr. 8, 18609 Binz, Tel. 03 83 93 / 66 34 00, www.upstalsboom.de/hotels/hotel–meersinn. Elegantes Designhotel mit Biorestaurant. Großes Spa mit Pool, Bädern und Saunen. 44 Z., 15 Suiten, Nichtraucherhotel.

Göhren €/€€ Hotel Stranddistel, Katharinenstr. 9, 18586 Göhren, Tel. 03 83 08 / 54 50, www.ruegen-hotel-stranddistel.de. Ruhige, stilvolle Zimmer mit Seeblick. Reitmöglichkeit. 20 Z., 8 App., 3 Suiten, Nichtraucherzimmer.

Heringsdorf €€€/€€€€ Maritim Hotel Kaiserhof, Strandpromenade, 17424 Heringsdorf, Tel. 03 83 78 / 6 50, www.maritim-usedom.de. Modernes Haus mit Indoor-Palmengarten nahe der Seebrücke. 143 Z.

Koserow €€/€€€ Hotel Nautic, Triftweg 4, 17459 Koserow, Tel. 03 83 75 / 25 50, www.hotel-nautic.de. Zentrale, dennoch ruhige Lage. Restaurant, Fahrradverleih. 32 Z., 9 Suiten, Nichtraucher- und behindertengerechte Zimmer.

Middelhagen €€/€€€ Hotel Eldena, Göhrener Weg 40, 18586 Middelhagen, Tel. 03 83 08 / 5 00, www.hotel-eldena.de. Komfortable Hotelzimmer und Ferienwohnungen im Mönchgut. Restaurant. 30 Z., Nichtraucherzimmer.

Putbus €€/€€€€ Wreecher Hof, Kastanienallee 1 18581 Putbus-Wreechen, Tel. 03 83 01 / 8 50, www.wreecher-hof.de. Auf 7 reetgedeckte Häuser verteiltes Ferienhotel in einer Gartenanlage. Restaurant, Reitmöglichkeit, Fahrradverleih. 43 Z., 26 Suiten, 3 FeWo.

Ralswiek €€€ Schlosshotel Ralswiek, Parkstraße 35, 18528 Ralswiek, Tel. 0 38 38 / 2 03 20, www. schlosshotel-ralswiek.de. Restauriertes Schloss. Restaurant. 63 Z., 3 Suiten, Nichtraucherzimmer.

Sagard €€€/€€€€ Jasmar Resort Hotel Rügen, 18551 Sagard-Neddesitz, Tel. 038302 / 95, www.

jasmar.de. Schöne Hotelanlage direkt am Natur- und Kreidelehrpfad. Restaurant, Reitmöglichkeit. 129 Z., 16 Suiten, Nichtraucherzimmer.
Sassnitz €/€€ Parkhotel, Hauptstr. 36, 18546 Sassnitz, Tel. 03 83 92 / 69 50, www.parkhotel delmar.de. Saniertes Patrizierhaus. Restaurant, Fahrradverleih. 16 Z., 2 Suiten, 5 Appartments.
Schaprode €€/€€€ Zur Alten Schmiede, Poggenhof 25, 18569 Schaprode-Poggenhof, Tel. 03 83 09 / 7 05 00, www.ruegen-schmiede.de. Helle Zimmer. 19 Z., 1 Suite, Nichtraucher- und behindertengerechtes Zimmer.
Sellin €€€€ Romantik Roewers Privathotel, Wilhelmstraße 34, 18586 Sellin, Tel. 03 83 03 / 12 20, www.roewers.de. Hotelanlage im Stil der wilhelminischen Bäderarchitektur. Wellness, Restaurant. 29 Z., 23 Suiten, Nichtraucherzimmer.
Stralsund €€€ Am Jungfernstieg, Am Jungfernstieg 1 b, 18437 Stralsund, Tel. 0 38 31 / 4 43 80, www.hotel-am-jungfernstieg.de. Persönlich geführtes Stadthotel. Fahrradverleih. 33 Z., 3 Suiten, Nichtraucherzimmer.
Vitte auf Hiddensee €€/€€€ Post Hiddensee, Wiesenweg 26, 18565 Vitte, Tel. 03 83 00 / 64 30, www.hotel-post-hiddensee.de. Anspruchsvolles Hotel auf großem Naturgrundstück. Wellnessbereich. 8 Z., 10 App., behindertengerechte Zimmer.
Zinnowitz €€/€€€ Parkhotel Am Glienberg, Waldstraße 13, 17454 Zinnowitz, Tel. 03 83 77 / 7 20, www.parkhotel-am-glienberg.de. Elegantes Hotel direkt am Wald. Restaurant, Fahrradverleih, Wellness. 32 Z., 6 Suiten, Nichtraucherzimmer.

REISELEKTÜRE

Elisabeth von Arnims **Elizabeth auf Rügen** ist eine historische Reiseerzählung aus der Zeit um 1900 (List Taschenbuch). Renate Seydels **Rügen. Ein Lesebuch** vereint Gedichte, Erzählungen, Essays und Anekdoten berühmter Inselbesucher (Ullstein Taschenbuch). Birgit C. Wolgartens **Und es wurde Nacht** (Prolibris Verlag) sowie Birgit Lautenbachs und Johann Ebends **Hühnergötter** (Goldmann Verlag) sind Inselkrimis. Peter Knoblochs und Lutz Grünkes **Rügen schmeckt** enthält Rezepte des prämiierten Kräuterkochs (zwei Bände, Rügendruck Putbus).

REISEZEIT

Die Ostseeinseln zählen zu den Gebieten mit den meisten Sonnenstunden in Deutschland, wobei Usedom mit durchschnittlich rund 1900 Sonnenstunden im Jahr meist den Rekord hält. Auf Hiddensee wurden allerdings schon über 2200 Stunden gemessen. Rügen misst rund 1800 Sonnenstunden jährlich. Traditionell stellt der Sommer die Hochsaison auf Rügen, Usedom und Hiddensee dar, wobei der August der wärmste Monat ist. Die Wahrscheinlichkeit für stabile Schönwetterperioden ist zwischen Juni und August am größten, das Wetter kann aber schnell umschlagen, Regenschutz und Pullover sollten mit im Gepäck sein. Umgekehrt sind bei schlechtem Wetter immer wieder sonnige Abschnitte möglich. Am Strand ist auch im Sommer mit kräftigem Wind zu rechnen. Im Frühjahr und Herbst sind die Badeorte nicht überlaufen, Hotels und Pensionen unterbreiten dann günstige Angebote. Und selbst der Inselwinter hat seine Reize.

Bodenständige Fischküche hat Tradition.

RESTAURANTS – EINE AUSWAHL

Preiskategorien

€€€€	Hauptgericht	über 20 €
€€€	Hauptgericht	15–20 €
€€	Hauptgericht	10–15 €
€	Hauptgericht	unter 10 €

Ahlbeck €€€ Kaisers Eck, Kaiserstr. 1, 17419 Seebad Ahlbeck, Tel. 038378/30058, www.kai serseck.de. Kleines aber feines Restaurant, empfehlenswerte Fischspezialitäten, Terrasse.
Bansin €€€€ Atlantic, Strandpromenade 18, 17429 Seebad Bansin, Tel. 03 83 78 / 6 05, www. seetel.de. Elegantes Gourmet-Restaurant, im selben Haus rustikales Pub..
Binz €€€/€€€€ Freustil, Zeppelinstr. 8, 18609 Binz, Tel. 038393/50444, www.freustil.de. 2013 gegründetes Restaurant mit einem Michelin-Stern, Ambiente mit skandinavischem Touch, leichte regionale Küche.
Glowe €/€€ Fischerhus, Hauptstraße 53, 18551 Glowe, Tel. 03 83 02 / 52 35, www.fischerhus-ruegen.de. Fangfrischer Fisch auf regionale Art.
Göhren €€€/€€€€ Berliner Salon, Nordperdstr. 2, 18586 Göhren, Tel. 038308/515, www. hotel-hanseatic.de. Modern interpretierte Küche mit regionalen Produkte, regelmäßig „Küchenparty".
Heringsdorf €€€€ Belvedere, Delbrückstraße 9, 17424 Seebad Heringsdorf, Tel. 0 38 78 / 47 60, www.travelcharme.com. Ruhetag im Sommer: Mo. Kulinarische Entdeckungsreisen.
Loddin €€ Waterblick, Am Mühlenberg 5, 17459 Loddin, Tel. 03 83 75 / 2 02 94, www.waterblick.de. Traditionelle pommersche Landküche.
Lohme €€/€€€ Panorama Hotel, An der Steilküste 8, 18551 Lohme, Tel. 03 83 02 / 91 10, www. lohme.com. Herrliche Aussichtslage, stilvolles Ambiente, hochwertige regionale Küche.
Putbus €€€ Rosencafé, Bahnhofstr. 8, Tel. 03 83 01/88 72 90, www.rosencafe-putbus.de. Ein breites Angebot von Kuchen aus eigener Herstellung über Snacks bis zu Fischgerichten, Blick auf den Rosengarten des Schlossparks.
Schaprode €€ Zur Alten Schmiede, Poggenhof 25, 18569 Schaprode-Poggenhof, Tel. 03 83 09 / 7 05 00, www.ruegen-schmiede.de. Norddeutsche Klassiker und regionale Spezialitäten.
Sagard €€/€€€€ Jasmar Resort Rügen, 18551 Sagard-Neddesitz, Tel. 03 83 02 / 9 65 59, www.jas mar.de. Mehrere Restaurants unter einem Dach.
Sellin €€€€ Gourmet-Restaurant Ambiance, Wilhelmstraße 34, 18586 Sellin, Tel. 03 83 03 / 12 20, www.roewers.de. Gehobene regionale Fisch- und Wildküche.
Stralsund €€€/€€€€ Zum Scheel, Fährstr. 23, 18439 Stralsund, Tel. 0 38 31/2 83 31 12, www. scheelehof.de. Gemütliches Restaurant mit Backsteinwänden und alter Holzdecke, Terrasse im Innenhof. Küche mit regionalen und internationalen Gerichte, Kaffee aus eigener Röstung.
€/€€ Zur Post, Triebseer Str. 22, 18439 Stralsund, Tel. 0 38 31 / 20 05 00, www.hotel-zur-post-stralsund.de. Bodenständig-kreativ.
Zinnowitz €€€ Restaurant im Palace Hotel, Dünenstr. 8, 17454 Zinnowitz, Tel. 03 83 77 / 39 60, www.usedom-palace.de. Klassische Küche.

SPORT UND FREIZEIT

Angeln: Rügen mit seinen unterschiedlichen Gewässern von Süßwasserseen über die Bodden bis hin zur Hochsee gilt als eines der fischreichsten Angelreviere des Landes. Beliebt sind die Heringssaison im Frühjahr und die anschließende kurze Zeit des Hornfischs. Angler müssen einen Touristen-Fischereischein erwerben (28 Tage gültig). Zusätzlich ist eine

Küstenkarte erforderlich. Sie ist in Angelgeschäften, Ordnungsämtern, Kurverwaltungen und einigen Tankstellen erhältlich (5 Euro/Tag). (Auskünfte beim Landesanglerverband Mecklenburg-Vorpommern, www.lav-mv.de).
Usedom bietet ebenso günstige Voraussetzungen. In Ostsee, Peenestrom, Bodden und vielen Seen sind Dorsch, Hering, Flunder, Zander, Aal, Barsch, Hecht oder Karpfen anzutreffen.
Dampflokfahrten: Mehrmals täglich ist der „Rasende Roland" zwischen Putbus und Göhren unterwegs. Die 24,2 km lange Fahrt dauert samt Zwischenstopps 75 Min. Von Ende Mai bis Anf. Sept. werden auch Touren zwischen Putbus und Lauterbach angeboten. „Pufferküsser" können ganzjährig Fahrten im Führerstand buchen (Rügensche Bäderbahn, Tel. 03 83 01/ 88 40 12, www.rasender-roland.de).
Golf: Golfer finden auf Rügen bei Schloss Karnitz zwischen Bergen und Garz einen 18-Loch-Platz (www.golfclub-ruegen.de). Usedoms Golfplätze liegen am Balmer See (www.golfpark-usedom.de) und in Korswandt (www.baltic-hills.de). Weitere Plätze sind in Planung.
Nordic Walking: Auf Rügen finden Walker Kurse, Stockverleih und Lauftreffs in den Seebädern Baabe, Sellin, Binz und Göhren, außerdem in Bergen, Middelhagen und Thiessow sowie auf der Insel Hiddensee (Infos bei den Kurverwaltungen). Auch die Seebäder auf Usedom bieten regelmäßig Laufkurse und -treffs. In den „Drei Kaiserbädern" ist ein Faltblatt über die Nordic-Walking-Routen der Region erhältlich. Stöcke können bei der Kurverwaltung geliehen werden (www.drei-kaiserbaeder.de).
Radfahren: In allen wichtigen Seebädern und Urlaubsorten bieten Fahrradverleiher ihre Dienste an. Ein Check von Bremsen, Gangschaltung und Licht ist nach Erfahrung der Redaktion unbedingt zu empfehlen. Rügen verfügt über mehr als 200 km Radwege. Besonders gut ausgebaut ist das Netz zwischen dem Mönchgut und der Granitz. Die Bundesstraßen sollten möglichst gemieden werden. Auf Rügen können Fahrräder je nach Kapazität in den Bussen des Personennahverkehrs sowie im Fahrradwagen des „Rasenden Roland" mitgenommen werden. Der Fahrradbus RADzfatz bietet bis zu 16 Fahrrädern und Radlern Platz. Auch auf vielen Ausflugsschiffen sind Radfahrer willkommen. Auf Usedom, wo rund 150 km Radwege ausgebaut sind, ist die Mitnahme in Zügen der UBB ebenfalls möglich. Auf dem autofreien Hiddensee stellt das Fahrrad ein Hauptverkehrsmittel dar – Räder können nahe den Anlegestellen der Fähre gemietet werden. Eigene Fahrräder dürfen auf den Fähren mitgenommen werden, sofern der Platz reicht. Inzwischen versorgen rund 40 Verleih- und Akkuwechselstationen auf Rügen, Hiddensee und in Stralsund Radler mit Pedelecs (Elektrofahrrädern) bei Bedarf mit neuer Energie und Tipps für ihre Touren. Die Akkus halten etwa fünf bis sechs Stunden (www.movelo.com).
Reiten: Rügen mit rund zwei Dutzend und Usedom mit einem guten Dutzend Reiterhöfen bieten viele Möglichkeiten wie Geländeritte, Reitunterricht und Springreiten. Einzelne Höfe haben auch therapeutisches Reiten im Programm.
Schifffahrten: Von der Westküste Rügens starten Ausflugsfahrten zur Kreideküste und Rundtouren um die Insel, so in Göhren, Sellin und Sassnitz. Im Süden legen Schiffe zur Insel Vilm oder sogar bis nach Usedom ab, etwa in Lauterbach, Baabe und Gager. Die Seebäder Usedoms bieten Ausflugsfahrten verschiedener Länge, so auf die benachbarten Inseln und nach Polen. In Misdroy und Swinemünde legen Schiffe in die Gegenrichtung ab. Der Hafen von Peenemünde ist Ausgangspunkt für Tagestouren auf die Insel Ruden und zur Greifswalder Oie (Reederei Apollo, Tel. 03 83 71/2 08 29).
Segeln: Segler und Freizeitkapitäne können auf Rügen, Usedom und Hiddensee unzählige Häfen und Anlegestellen ansteuern. Darüber hinaus gibt es ein dichtes Netz an Segelschulen, Yachtchartern und Bootsverleihern.

Geschichte

8000–1000 v. Chr. Erste Spuren menschlicher Besiedelung auf Rügen. Zwischen 3000 und 1800 v. Chr. werden Jäger und Sammler sesshaft; Bau von Großsteingräbern auf den Inseln. Ab 1800 v. Chr. ersetzt Bronze die Steinwerkzeuge; Verwendung von Hügelgräbern anstelle der Großsteingräber.
600 v. Chr. Germanische Rugier siedeln auf Rügen und Hiddensee, verlassen die Region ab dem 3. Jh. n. Chr. wieder.
7.–12. Jh. Slawische Herrschaft, Errichtung von Burgen. Weitläufige Handelsbeziehungen; Wollin wird Zentrum im Ostseeraum.
Um 1000 Erste Nennung Rügens in der Chronik des Thietmar von Merseburg.
1128 Die Slawen auf Usedom lassen sich christlich taufen. Die Zahl deutscher Einwanderer wächst.
1168 Dänenkönig Waldemar I. verbündet sich mit Heinrich dem Löwen zum Feldzug gegen die slawischen Ranen. Die Jaromarsburg wird zerstört. Beginn dänischer Lehnsherrschaft und Christianisierung der Bevölkerung.
1234 Lübisches Stadtrecht für Stralsund durch Fürst Witzlaw I.
1252 Zisterziensermönche übernehmen die Verwaltung des späteren Mönchguts.
1319 Garz wird als älteste Stadt Rügens erstmals erwähnt.
1401 Der Seeräuber Klaus Störtebeker wird in Hamburg hingerichtet.
1616 Die Leibeigenschaft der Bauern wird gesetzlich verankert.
1618–1648 Der Dreißigjährige Krieg verheert die Inseln. Der Westfälische Frieden schreibt die Herrschaft Schwedens über Rügen, Usedom und Hiddensee fest.
1700–1721 Im Großen Nordischen Krieg der Anrainerstaaten um die Macht im Ostseeraum fallen Usedom und Wollin an Preußen. Rügen bleibt schwedisch.
1803 Ernst Moritz Arndt veröffentlicht seine Streitschrift gegen die Leibeigenschaft. 1806 hebt König Gustav IV. Adolf die Leibeigenschaft in Schwedisch Pommern auf.
1815 Schweden tritt beim Wiener Kongress, der Europa nach Napoleons Sturz neu ordnet, Rügen und Hiddensee an Preußen ab.
1816 In Lauterbach bei Putbus, das seit 1808 Residenz ist, wird Rügens erstes Seebad gegründet. Bis 1830 entsteht überall Fremdenverkehr.
1872 Fund des Hiddenseer Goldschatzes.
1875 Eröffnung der Zugverbindung von Berlin nach Swinemünde über Stettin. 1895 nimmt der „Rasende Roland" den Betrieb auf, 1897 der Fährverkehr von Sassnitz nach Schweden.
1935 Beginn der Raketenforschung in der Heeresversuchsanstalt Peenemünde.
1936 Fertigstellung des Rügendamms. Im selben Jahr Baubeginn der „Kraft durch Freude"-Ferienanlage in Prora.
12. März 1945 Bombardierung Swinemündes durch die amerikanische Luftwaffe. Über 20 000 Todesopfer werden gezählt.
1952–1959 Zentralisierung der Landwirtschaft in Form von Produktionsgenossenschaften (LPG).
1953 „Aktion Rose": Enteignung von privat geführten Hotels und Pensionen.
1990 Mit der deutschen Wiedervereinigung werden Rügen, Usedom und Hiddensee Teil des Bundeslands Mecklenburg-Vorpommern; Einrichtung mehrerer Nationalparks.
1998 Teile der Wissower Klinken stürzen ab.
2002 Stralsunds Altstadt wird gemeinsam mit der von Wismar Unesco-Welterbestätte.
2007 Eröffnung der neuen Rügenbrücke.
2008 Erweiterung der Usedomer Bäderbahn bis Swinemünde. Erneute Abbrüche an der Kreideküste.
2011 Ein Teil des Nationalparks Jasmund wird zum Welterbe der UNESCO ernannt.
2013 Eröffnung des Naturerbe-Zentrums mit Baumwipfelpfad auf Rügen.

Service

Surfen: Auf Rügen erfreut sich unter Könnern das südliche Mönchgut bei Thiessow besonderer Beliebtheit. Dagegen weichen Anfänger hier wie auf Usedom besser auf den Bodden aus. Dort gibt es allerdings auch Starkwindreviere für Fortgeschrittene, etwa bei Karlshagen.

Wandern: Die Bedingungen für Wanderer sind auf den Inseln ideal. Es gibt unterschiedlichstes Terrain von Stränden über Hochufer bis zu dichten Wäldern. Sogar „Alpen" findet man – jedenfalls nennen die Rüganer ihre Zickerschen Berge so. Das Mönchgut zählt aufgrund seiner Landschaft und der vielfältigen Flora des Biosphärenreservats Südostrügen zu den beliebtesten Wanderrevieren. Von Mai bis Okt. werden hier geführte Touren veranstaltet (www.biosphaerenreservat-suedostruegen.de). Die Kurverwaltung Binz bietet Wanderungen in die Buchenwälder der Granitz rund um das Jagdschloss an. Ein dichtes Wegenetz führt auch durch den Nationalpark Jasmund. Von Ostern bis Okt. begleiten Ranger Besucher auf ausgesuchten Strecken, so von Sassnitz zu den Wissower Klinken oder von Lohme zum Königsstuhl (www.nationalpark-jasmund.de). Abseits der spektakulären Sehenswürdigkeiten findet man auch im Hinterland vielfältige Wandermöglichkeiten – zum Beispiel auf der Halbinsel Zudar oder der Insel Ummanz. Zweimal im Jahr steht Wandern für jeweils zehn Tage im Mittelpunkt des Veranstaltungskalenders – beim Wanderfrühling im Mai und dem Wanderherbst im Oktober. Geboten werden dann rund 70 meist kostenfreie Wander- und Aktivangebote: Führungen, Nordic-Walking-Touren, Ausflüge auf die Halbinsel Jasmund, Erkundungen in der Granitz sowie diverse Ortsrundgänge.

Auf Hiddensee führen beliebte Strecken zum Leuchtturm am Dornbusch oder auf den Deichen einmal rund um die Insel (www.nationalpark-vorpommersche-boddenlandschaft.de).

Die Insel Usedom verfügt über ein 400 km langes Netz aus Wanderwegen: mehrere Strecken rund um die Seebäder an der Ostküste, andere am Achterwasser oder an den Seen des Hinterlands. In einsamen Gegenden wie dem Lieper Winkel kann man seltene Vögel beobachten. Rund um Peenemünde verläuft eine ausgeschilderte Strecke auf den Spuren der einstigen Raketenforschung.

VERANSTALTUNGEN

Den Auftakt macht der **Festspielfrühling Rügen** im März. Einen kulinarischen Höhepunkt bilden die **Usedomer Heringswochen** im März und April. Gaumenfreuden bietet auch jeden Mai der **Grand Schlemm**, eine kulinarische Strandwanderung in den „Kaiserbädern" auf Usedom. Am Grenzübergang Ahlbeck ist von April bis November ein großes **Sandskulpturen-Festival** zu erleben. Von Juni bis September werden im Rahmen der Festspiele Mecklenburg-Vorpommern Konzerte an teilweise außergewöhnlichen Spielorten auf Rügen geboten. Im Sept. findet auf Rügen der **Ironman** und auf Usedom der **Usedom-Marathon** statt, dessen Strecke von Swinemünde über die Seebäder bis nach Wolgast verläuft (www.usedom-marathon.de). Im selben Monat richten die „Drei Kaiserbäder" die **Woche der Bäderarchitektur** mit Führungen und Fachvorträgen aus. Das **Usedomer Musikfestival** (Sept./Okt.) ist ein musikalischer Dialog zwischen Deutschland und Polen. Am Tag der Deutschen Einheit gibt's ein großes **Strandfeuerwerk** auf Usedom.

Register

Fette Ziffern = Abbildungen

Impressum

3. Auflage 2015

Verlag: DuMont Reiseverlag, Postfach 3151, 73751 Ostfildern, Tel. 0711/4502-0, Fax 0711/4502-135, www.dumontreise.de
Geschäftsführer: Dr. Thomas Brinkmann, Dr. Stephanie Mair-Huydts
Programmleitung: Birgit Borowski
Redaktion: Robert Fischer
Text: Oliver Gerhard, Berlin
Exklusiv-Fotografie: Roland Jung, Möhnesee
Titelbild: Andreas Vitting/mauritius images (Der Königsstuhl im Morgenlicht)
Zusätzliches Bildmaterial: Oliver Gerhard (32 u., 69 o. r., 85, 91 o., 91 M., 111 o., 111 M.); Huber: Bäck (28 o. r.), Lubenow (96 u.); laif: Thomas Grabka (32 o.), Frank Heuer (12 / 13, 18 / 19, 63 r.), Kirchner (28 u.); LOOK-foto: age fotostock (24 / 25 u.), Sabine Lubenow (24 / 25 o.), Brigitte Merz (7-1, 22 u.), H. & D. Zielske (8 / 9, 14 / 15); mauritius images: Alamy (87), Edith Laue (74 / 75), Sabine Lubenow (92 / 93), Stefan Schneider (10 / 11); picture-alliance: akg-images / Andre Held (84), Jens Büttner (68), Wilfried Glienke (86 o. l.), Klaus Grabowski (33 o.), Stefan Sauer (55 u., 69 o. l., 86 o. r.); SeaTrips Stralsund (37 M., 37 u.); StockFood: Bernhard Winkelmann (107); vario: imagebroker (38 / 39; 78 / 79 o., 99 o.), Jürgen Moers (20 / 21); Weiße Flotte Stralsund (37 o.)
Grafische Konzeption, Art Direktion: fpm factor product münchen
Layout: CYCLUS Visuelle Kommunikation, Stuttgart
Kartografie: © MAIRDUMONT GmbH & Co. KG, Ostfildern
DuMont Bildarchiv: Marco-Polo-Straße 1, 73760 Ostfildern, Tel. 0711/4502-266, Fax 0711/4502-1006, bildarchiv@mairdumont.com

Anzeigenvermarktung: MAIRDUMONT MEDIA, Tel. 0711 450 23 33, Fax 0711 45 02 10 12, media@mairdumont.com, http://media.mairdumont.com
Vertrieb Zeitschriftenhandel: PARTNER Medienservices GmbH, Postfach 810420, 70521 Stuttgart, Tel. 0711 72 52-212, Fax 0711 72 52-320
Vertrieb Abonnement: Leserservice DuMont Bildatlas, Zenit Pressevertrieb GmbH, Postfach 810640, 70523 Stuttgart, Tel. 0180 572 72 52 265, Fax 0180 572 72 52 333, dumontreise@zenit-presse.de
Vertrieb Buchhandel und Einzelhefte: MAIRDUMONT GmbH & Co. KG, Marco-Polo-Straße 1, 73760 Ostfildern, Tel. 0711 45 02 0, Fax 0711 45 02 340
Reproduktionen: PPP Pre Print Partner GmbH & Co. KG, Köln
Druck und buchbinderische Verarbeitung: NEEF + STUMME premium printing GmbH & Co. KG, Wittingen, Printed in Germany

Lübeck war im Mittelalter eine der mächtigsten Städte Europas, davon zeugt noch heute der prächtige Stadtkern.

OSTSEEKÜSTE
SCHLESWIG-HOLSTEIN

Badespass ist garantiert
Die Küste zwischen Flensburg und Lübeck steht für Strandurlaub.

Kieler Woche
Größtes Segelsport-Ereignis der Welt und größtes Sommerfest des Nordens – erleben Sie es mit!

Wellness an der See
Gute Adressen zum Abschalten und Auftanken.

Der Gardasee – Italiens größter See – kann mit vielen hübschen Orten und Bauten aufwarten, hier die Skaligerburg in Sirmione.

OBERITALIEN. SEEN

Bade- und Gipfelglück
Die schönsten Orte am See und tolle Touren auf die umliegenden Berge.

Große Oper in Mailand
Der Besuch der Scala ist für viele schon Grund genug für einen Besuch der zweitgrößten Stadt Italiens.

Grotti & Co.
Kulinarische Entdeckungen zwischen Comer und Luganer See.

Lieferbare Ausgaben

DEUTSCHLAND
119 Allgäu
092 Altmühltal
105 Bayerischer Wald
120 Berlin
162 Bodensee
121 Brandenburg
056 Chiemgau, Berchtesg. Land
013 Dresden, Sächs. Schweiz
152 Eifel, Aachen
157 Elbe und Weser, Bremen
125 Erzgebirge, Vogtland
020 Frankfurt, Rhein-Main
059 Fränkische Schweiz
112 Freiburg, Basel, Colmar
028 Hamburg
026 Hannover zw. Harz u. Heide
042 Harz
062 Hunsrück, Naheland, Rheinhessen
023 Leipzig, Halle, Magdeburg
131 Lüneburger Heide, Wendland
066 Mainfranken
133 Mecklenburgische Seen
038 Mecklenburg-Vorpommern
033 Mosel
114 München
047 Münsterland
015 Nordseeküste Schleswig-Holstein
006 Oberbayern
161 Odenwald, Heidelberg
035 Osnabrücker Land, Emsland
002 Ostfriesland, Oldenb. Land
135 Ostseeküste Meck-Pomm
154 Ostseeküste Schleswig-Holstein
136 Pfalz
040 Rhein zw. Köln und Mainz
079 Rhön
116 Rügen, Usedom, Hiddensee
137 Ruhrgebiet
149 Saarland
080 Sachsen
081 Sachsen-Anhalt
117 Sauerland, Siegerland
159 Schwarzwald Norden
045 Schwarzwald Süden
018 Spreewald, Lausitz
008 Stuttgart, Schwäbische Alb
141 Sylt, Amrum, Föhr
142 Teutoburger Wald
102 Thüringen
143 Thüringer Wald
037 Weserbergland

BENELUX
156 Amsterdam
011 Flandern, Brüssel
070 Niederlande

FRANKREICH
055 Bretagne
021 Côte d'Azur
032 Elsass
009 Frankreich Süden Languedoc-Roussillon
019 Korsika
071 Normandie
001 Paris
115 Provence

GROSSBRITANNIEN/IRLAND
063 Irland
130 London
138 Schottland
030 Südengland

ITALIEN/MALTA/KROATIEN
017 Gardasee, Trentino
110 Golf von Neapel, Kampanien
128 Italien, Norden
005 Kroatische Adriaküste
113 Malta
155 Oberitalienische Seen
158 Piemont, Turin
014 Rom
082 Sardinien
003 Sizilien
140 Südtirol
039 Toskana
091 Venedig, Venetien

GRIECHENLAND/ZYPERN/TÜRKEI
034 Istanbul
016 Kreta
090 Türkisches Mittelmeer
148 Zypern

MITTEL- UND OSTEUROPA
104 Baltikum
122 Bulgarien
094 Danzig, Ostsee, Masuren
101 Polen Süden, Breslau, Krakau
044 Prag
085 St. Petersburg
145 Tschechien
146 Ungarn

ÖSTERREICH/SCHWEIZ
129 Kärnten
004 Salzburger Land
139 Schweiz
088 Tessin
144 Tirol
147 Wien

SPANIEN/PORTUGAL
043 Algarve
093 Andalusien
150 Barcelona
108 Costa Brava
025 Gran Canaria, Fuerteventura, Lanzarote
065 Kanarische Inseln
124 Madeira
132 Mallorca
007 Spanien Norden
118 Teneriffa, La Palma, La Gomera , El Hierro

SKANDINAVIEN/NORDEUROPA
057 Dänemark
029 Island
099 Norwegen Norden
072 Norwegen Süden
151 Schweden Süden, Stockholm
153 Hurtigruten

LÄNDERÜBERGREIFENDE BÄNDE
123 Donau – Von der Quelle bis zur Mündung
112 Freiburg, Basel, Colmar

AUSSEREUROPÄISCHE ZIELE
010 Ägypten
053 Australien Osten, Sydney
109 Australien Süden, Westen
107 China
024 Dubai, Abu Dhabi, VAE
160 Florida
036 Indien
027 Israel
111 Kalifornien
031 Kanada Osten
064 Kanada Westen
022 Namibia
068 Neuseeland
041 New York
048 Südafrika
012 Thailand
046 Vietnam